DE LA LANGUE A LA CIVILISATION FRANÇAISE

Série Technique

Bernard CRESSON

Professeur à l'Institut français d'Écosse

INTRODUCTION
AU
FRANÇAIS ÉCONOMIQUE

NOUVELLE ÉDITION

Didier

CE COURS COMPREND LES ÉLÉMENTS SUIVANTS :

Pour la classe • Des enregistrements sur 12 bandes magnétiques monopiste

Pour l'étudiant • 1 manuel illustré

• 3 cassettes

Les enregistrements des conversations "avec silences" ne figurent pas sur les cassettes.

Des conseils d'utilisation spécifiques au travail individuel accompagnent ces cassettes.

© Librairie Marcel Didier, Paris 1971   Imprimé en France

ISBN 2-278-00375-5

Notre conception de l'enseignement du français forme un tout qui ne trouve son sens que dans ses prolongements culturels. Nous l'avons montré dans les livres de lecture de la série *Lire et Savoir*, nous l'avons prouvé dans la présentation des textes des *Classiques de la Civilisation française*. Le français est aussi une des langues techniques du monde moderne avec tous ses prolongements économiques, commerciaux, industriels.

Cette série d'ouvrages plus techniques que les premiers répond aux désirs d'étudiants qui, tout en approfondissant leur étude du français, veulent acquérir la connaissance pratique d'une langue adaptée à des besoins particuliers.

On trouvera à la fin de ce livre, comme dans d'autres ouvrages de la Collection, un lexique des mots relatifs à l'économie où les termes cités sont expliqués selon notre méthode par référence au vocabulaire du français fondamental 2ème degré tel qu'il figure dans le dictionnaire de M. Gougenheim (Didier, éditeur).

Les directeurs de la Collection

TABLE DES MATIÈRES

AVANT-PROPOS

Ce que nous présentons ici est un cours du Français Économique tel qu'il est utilisé dans la conversation. Nous n'avons jamais eu la prétention, en le composant, d'écrire un cours d'Économie. Ce qui, tout au long des chapitres, nous a intéressé n'était pas la situation économique elle-même mais la manière dont on en parle et le moyen d'aider les étrangers à maîtriser cette langue spécialisée.

Nous n'avons pas essayé, dans ce premier volume, de faire entrer toutes les structures grammaticales ni tout le vocabulaire de la langue Économique. Après avoir exploré, trié, dépouillé les articles de presse, les éditoriaux et les « interviews » de diverses stations de radio françaises, nous avons préféré choisir, parmi les structures celles qui reviennent le plus souvent et qui permettent d'exprimer facilement une idée, et dans le vocabulaire celui qui nous a paru être fondamental.

La précision avec laquelle nos étudiants Écossais nous ont exprimé leurs besoins et leurs désirs nous a été une aide précieuse dans la composition des conversations et des exercices. Ils nous ont permis, peut-être, d'être plus brefs et plus efficaces. Ce sont, du moins, les qualités auxquelles nous aurions aimé atteindre puisqu'elles sont celles mêmes de la langue Économique.

L'ensemble des conversations du cours forme le panorama général de l'Économie d'un pays à un moment donné. Le pays, l'Asindie, est imaginaire. C'est un petit pays qui possède de grandes possibilités économiques mais qui mène des « opérations de pacifications » qui, par la charge budgétaire qu'elles représentent, retardent son évolution.

Aucun pays existant n'a été choisi comme modèle.

Nous conserverons, dans l'INTRODUCTION AU FRANÇAIS SCIENTIFIQUE ET TECHNIQUE que nous préparons actuellement, le même désir de trouver les éléments de base qui permettent l'exercice de la langue parlée et ouvrent la voie aux études plus spécialisées de chaque branche de la science et de la technique.

CONSEILS D'UTILISATION
DES BANDES MAGNÉTIQUES EN LABORATOIRE DE LANGUES

● BUT DU COURS

Notre but est d'aider les étudiants étrangers à :

— COMPRENDRE LE FRANÇAIS PARLÉ, dans des conversations sur l'Économie, à la radio, au téléphone, etc.

— S'EXPRIMER EN FRANÇAIS, c'est-à-dire à donner les moyens de mettre en œuvre, dans la conversation, non seulement les éléments du cours mais aussi les connaissances déjà acquises dans le passé, même si elles sont « rouillées ».

Si vous suivez les « conseils d'utilisation » il est absolument certain que vous améliorerez considérablement vos possibilités de compréhension et d'expression orales.

● A QUI CE COURS S'ADRESSE-T-IL?

Il s'adresse aux hommes d'affaires, aux étudiants en Sciences Économiques, etc., qui ont une connaissance correcte du Français fondamental écrit. (Ce qui correspond, selon le rythme des études à trois ou quatre ans dans un Lycée, un Institut ou un Centre d'Études de l'Alliance Française, etc.)

Ceux qui ont étudié le français, soit par des méthodes audio-visuelles telles que *Voix et Images de France*, *De Vive Voix* (Didier-Crédif) ou toute autre méthode comparable, soit par une méthode traditionnelle, soit par la méthode Brunsvick-Ginestier (niveau *En France 1*), trouveront ici un complément économique à leurs études.

Ce cours s'adresse aussi à tous ceux qui savent lire des articles de journaux et de revues mais ne peuvent pas s'exprimer en français ou comprendre le Français parlé.

● CONSEILS D'UTILISATION

A — AVEC UN PROFESSEUR OU EN LABORATOIRE DE LANGUES :

Suivre strictement les instructions données par le professeur.

B — ÉTUDE SANS PROFESSEUR :

Vous ne devez jamais oublier les deux principes suivants :

a) Vous voulez apprendre à comprendre le langage parlé et à parler vous-même. Toute une partie de vos études se fera donc sans les documents écrits. C'est essentiel. Les documents écrits interviendront pour vous aider si vous n'avez pas compris les documents sonores, c'est-à-dire *après* ceux-ci.

b) Avoir compris, avoir répété une fois, avoir réussi une fois à répondre aux exercices structuraux, ne suffit pas. Pour être en mesure de parler, il faut atteindre à l'*automatisme*, c'est-à-dire recommencer chaque exercice jusqu'à ce que vous répétiez *sans y penser*.

● **LA CONVERSATION :**

1. *Écoutez* la conversation « normale » deux ou trois fois.
   Cet exercice est un *exercice d'écoute* : PAS DE TEXTE ÉCRIT.

2. *Écoutez* la conversation « avec silences » deux fois, sans répéter. PAS DE TEXTE ÉCRIT.

3. Prenez le texte écrit. *Suivez* en même temps le *texte écrit* et *le texte sonore* (« normal » ou « avec silences », à votre convenance).

4. Si des éléments du texte, vocabulaire ou structures, vous semblent difficiles à comprendre, arrêtez votre magnétophone, et étudiez-les soigneusement. Aidez-vous du Glossaire, si cela vous semble nécessaire.

5. Après cette étude, *écoutez de nouveau* le texte conversation « normale », SANS VOUS AIDER DU TEXTE ÉCRIT.

● **LA PHASE ÉCOUTE ET COMPRÉHENSION EST TERMINÉE.**

6. PAS DE TEXTE ÉCRIT. Écoutez le texte conversation « avec silences », et *répétez* au cours des silences.
   Recommencez cette opération jusqu'à ce que vous sentiez que votre manière de prononcer est aussi proche que possible de celle du texte sonore et que vous puissiez répéter le texte presque par cœur. Cette opération peut, évidemment, se faire en plusieurs séances. Généralement, une répétition mal réussie un jour est beaucoup plus facile le lendemain.

LA PHASE PRONONCIATION ET MÉMORISATION EST TERMINÉE

● **LES EXERCICES D'ACQUISITION :**

1. *Écoutez* le texte sonore deux ou trois fois. Il s'agit d'un *exercice* d'écoute : PAS DE TEXTE ÉCRIT.

2. Prenez le texte écrit. Suivez en même temps le texte écrit et le texte sonore.

3. Si des éléments de cet exercice vous semblent difficiles à comprendre, arrêtez votre magnétophone, et étudiez-les soigneusement.

4. PAS DE TEXTE ÉCRIT. Écoutez le texte sonore et *répétez* jusqu'à ce que votre manière de prononcer soit aussi proche que possible de celle du texte sonore et que vous puissiez répéter le texte presque par cœur.

LA PHASE PRONONCIATION ET ACQUISITION EST TERMINÉE

● LES EXERCICES STRUCTURAUX :

ATTENTION : Les exercices structuraux sont des exercices *actifs*. Ils servent à développer les *réflexes* du langage parlé. Il ne s'agit plus de répéter mais de *créer*.
Ils sont composés de la manière suivante :

a) D'abord deux ou trois exemples que vous *écoutez* plusieurs fois, sans rien dire, pour comprendre le but de l'exercice.

> Voix d'homme : JE SUIS ICI.
> Indication : IL...
> Voix de femme : Dites : IL EST ICI.

● COMMENCEZ L'EXERCICE :

b) La première phrase exemple est répétée.

> Voix d'homme : JE SUIS ICI.
> Indication : IL...

c) Un silence suffisant pour que *vous* puissiez *modifier* la phrase.

> *Vous* devez dire : IL EST ICI.

d) Phrase corrigée.

> Voix de femme : IL EST ICI.

Ce que vous venez de dire doit être exactement pareil à cette phrase corrigée.

e) Un silence pour que vous puissiez répéter.

> Répétez la phrase corrigée.

N. B. :

1° Chaque exercice comporte dix phrases sur le même modèle.

2° Vous ne devez pas écouter *l'ensemble* de l'exercice avant de commencer à travailler. Vous devez, évidemment, éviter d'entendre les phrases corrigées avant d'avoir répondu vous-même.

3° Vous recommencerez cet exercice plusieurs fois, à des séances différentes, jusqu'à ce qu'il devienne automatique. Ce n'est qu'à ce moment-là que vous pourrez le refaire, sans le texte sonore, en vous aidant du texte écrit.

CONSEILS D'UTILISATION
DES CASSETTES POUR ÉTUDIANTS ISOLÉS

Le contenu du jeu de cassettes pour étudiants isolés ne reprend que les parties essentielles de celui des bandes pour laboratoire. L'étudiant trouvera nos conseils d'utilisation dans le coffret de cassettes.

LEÇON 1

PROJETS ET ÉCHECS.
IRRIGATION ET PRODUCTION AGRICOLE

B — La **situation économique** en Asindie n'**est** pas très **brillante.**

A — Non. Je viens d'**étudier** les **statistiques officielles** publiées par le gouvernement. **Au cours des** trois dernières années l'**économie** du pays a **subi de** nombreux **échecs.**

B — Mais quelles sont **les causes** exactes **de** cette **médiocrité?**

A — Les Asindais sont **pris** dans **un cercle vicieux..** Vous savez qu'une de leurs **provinces** du Nord veut **faire sécession.** Les **opérations** de **pacification entraînent** des **dépenses énormes** qui **se doublent** d'une **mauvaise gestion** du **secteur agricole.**

B — Je sais qu'**en général** les gouvernements n'aiment pas parler des **charges élevées dues aux** guerres qu'ils **mènent.** Mais comment les Asindais **expliquent-**ils la **baisse** du **rendement agricole?**

A — Ils **accusent** la **sécheresse persistante.** C'est une **excuse facile.** **Depuis** trois ans la **production** agricole **a baissé** régulièrement **chaque année.** Mais les mauvaises **conditions atmosphériques** ne peuvent pas tout expliquer.

B — Que peut-il y avoir d'autre?

A — Eh bien, deux **programmes** avaient été **prévus il y a quatre ans :** un **projet** de **remembrement** et de **redistribution des terres** et un **plan** de **construction** de **barrages** et de **réservoirs destinés à l'irrigation. D'année en année** leur **réalisation** a été **reportée.**

B — Pourquoi cette *mise en sommeil* de projets *capitaux* pour l'économie du pays?

A — Il ne s'agit pas exactement d'une mise en sommeil, mais de *l'impossibilité de* les *réaliser. D'une part,* les troubles du Nord *créent* une *situation défavorable* pour la redistribution des terres. *D'autre part, faute de ressources financières suffisantes,* le gouvernement asindais est *obligé* de *remettre à* plus tard ce qui serait si *profitable dans l'immédiat.*

B — Vous me parlez de ressources financières *insuffisantes.* Pourtant il me semblait que l'Asindie *n'en était pas là!*

A — Eh bien, vous voyez, *ce n'est* qu'une *impression.* Permettez-moi de donner un coup de téléphone *urgent* et je pourrai ensuite vous expliquer la situation.

B — Je vous en prie. Je serais très heureuse d'*avoir votre avis* sur la situation de ce pays. Serait-il possible de *procéder à* un *bref tour d'horizon* économique?

A — C'est bien ce que j'*ai l'intention de* faire.

CONVERSATION 1

B — La *situation économique* en Asindie n'est pas très *brillante.* ///

A — Non. // Je viens d'étudier les *statistiques officielles* publiées par le gouvernement. // *Au cours des trois dernières années* / l'économie du pays a *subi de* nombreux *échecs.* ///

B — Mais quelles sont *les causes* exactes de cette *médiocrité?* |

A — Les Asindais sont *pris dans un cercle vicieux.* // Vous savez qu'une de leurs *provinces* du Nord veut *faire sécession.* // Les *opérations* de *pacification* entraînent des *dépenses énormes* | qui se *doublent* d'une *mauvaise gestion* du *secteur agricole.* ///

B — Je sais qu'*en général* | les gouvernements n'aiment pas parler | des *charges élevées dues aux* guerres qu'ils *mènent.* // Mais comment les Asindais *expliquent-*ils la *baisse* du *rendement agricole?* ///

A — Ils *accusent* la *sécheresse persistante.* // C'est une *excuse facile.* // *Depuis trois ans* | la *production* agricole *a baissé* régulièrement *chaque année.* // Mais les mauvaises *conditions atmosphériques* ne peuvent pas tout expliquer. ///

B — Que peut-il y avoir d'autre? //

A — Il ne s'agit pas exactement d'une mise en sommeil, // mais de *l'impossibilité de les réaliser.* // *D'une part,* | les troubles du Nord *créent* une *situation défavorable* pour la redistribution des terres. // *D'autre part,* | faute de *ressources financières suffisantes,* | le gouvernement asindais est *obligé* de *remettre à* plus tard | ce qui serait si *profitable dans l'immédiat.* //

B — Pourquoi cette *mise en sommeil* de projets *capitaux* pour l'économie du pays? //

A — Il ne s'agit pas exactement d'une mise en sommeil, // mais de *l'impossibilité de les réaliser.* // *D'une part,* | les troubles du Nord *créent* une *situation défavorable* pour la redistribution des terres. // *D'autre part,* | faute de *ressources financières suffisantes,* | le gouvernement Asindais est *obligé* de *remettre à* plus tard | ce qui serait si *profitable dans l'immédiat.* //

B — Vous me parlez de ressources financières *insuffisantes.* // Pourtant il me semblait que *l'Asindie n'en était pas là* ! //

A — Eh bien, vous voyez, ce *n'est qu'une impression.* // Permettez-moi de donner un coup de téléphone *urgent* | et je pourrai ensuite vous expliquer la situation. //

B — Je vous en prie. // Je serais très heureuse d'*avoir votre avis* sur la situation de ce pays. // Serait-il possible de *procéder à* un *bref tour d'horizon* économique? //

A — C'est bien ce que j'*ai l'intention de faire.*

EXERCICES D'ACQUISITION 1

A. — *Quelques phrases de même sens :*

◆ Je viens d'étudier les statistiques officielles.
Je viens d'examiner les chiffres officiels.

◆ Il y a eu une importante baisse du rendement agricole.
La chute de la production agricole est sérieuse.

◆ La mise en œuvre du programme d'irrigation a été reportée.
Nous avons remis la réalisation du projet d'irrigation.
Nous avons différé la réalisation du projet d'irrigation.

◆ Il me semble que l'Asindie n'en est pas là.
Je ne pense pas que le gouvernement asindais se trouve dans une situation aussi
sérieuse.

◆ Le gouvernement est obligé de remettre la réalisation de ce projet.
Le gouvernement se trouve dans l'obligation de repousser l'exécution de ce plan.
Ils ont été contraints de différer la réalisation de ce projet.

B. — *Quelques phrases de sens contraire :*

◆ Je serais très heureuse d'avoir votre avis.
Je ne tiens pas du tout à connaître votre avis.

◆ L'exécution de ce projet est capitale.
La mise en sommeil de ce plan est sans importance.

C. — *Une nuance :*

◆ Ce sont les statistiques officielles publiées par le gouvernement.
Il s'agit de chiffres officieux.

EXERCICES STRUCTURAUX 1.1

Exemples :

a) La gestion du budget est mauvaise.
→ *C'est...*
dites : *C'est* une mauvaise gestion du budget.
b) La situation n'est pas brillante.
→ *Ce n'est pas...*
dites : *Ce n'est pas* une situation brillante.

Commencez l'exercice :

1. La gestion du budget est mauvaise.
→ *C'est...*

2. La situation n'est pas brillante.
→ *Ce n'est pas...*

3. La baisse du rendement est énorme.
→ *C'est...*

4. Les statistiques publiées sont nouvelles.
→ *Ce sont...*

5. La gestion n'est pas mauvaise.
→ *Ce n'est pas...*

6. La statistique n'est pas officielle.
→ *Ce n'est pas...*

7. L'excuse que vous donnez est facile.
→ *C'est...*

8. Les explications que vous donnez ne sont pas claires.
→ *Ce ne sont pas...*

9. La baisse de rendement n'est pas sérieuse.
→ *Ce n'est pas...*

10. Le coup de téléphone que je donne est urgent.
→ *C'est...*

EXERCICES STRUCTURAUX 1.2

Commencez l'exercice :

1. Je vais examiner les statistiques officielles.

→ *Inutile, vous...*

2. Il va étudier le nouveau projet.

→ *Inutile, il...*

3. Nous allons expliquer les causes de cette médiocrité.

→ *Inutile, vous...*

4. Ils vont réaliser ce projet.

→ *Inutile, ils...*

5. Il va mettre cette réalisation en sommeil.

→ *Inutile, il...*

6. Je vais différer ce programme.

→ *Inutile, vous...*

7. Il va reporter tous ses rendez-vous.

→ *Inutile, il...*

8. Nous allons étudier la situation.

→ *Inutile, vous...*

9. Le gouvernement va publier les nouvelles statistiques.

→ *Inutile, il...*

10. Je vais donner mon avis sur ce projet.

→ *Inutile, vous...*

EXERCICES STRUCTURAUX 1.1
CORRIGÉ

1.
→ *C'est une mauvaise gestion du budget.*

2.
→ *Ce n'est pas une situation brillante.*

3.
→ *C'est une énorme baisse du rendement.*

4.
→ *Ce sont les nouvelles statistiques publiées.*

5.
→ *Ce n'est pas une mauvaise gestion.*

6.
→ *Ce n'est pas la statistique officielle.*

7.
→ *C'est une excuse facile.*

8.
→ *Ce ne sont pas des explications claires.*

9.
→ *Ce n'est pas une baisse de rendement sérieuse.*

10.
→ *C'est un coup de téléphone urgent.*

EXERCICES STRUCTURAUX 1.2
CORRIGÉ

1.
→ **Inutile, vous** *venez déjà de les examiner.*

2.
→ **Inutile, il** *vient déjà de l'étudier.*

3.
→ **Inutile, vous** *venez déjà de les expliquer.*

4.
→ **Inutile, ils** *viennent déjà de le réaliser.*

5.
→ **Inutile, il** *vient déjà de la mettre en sommeil.*

6.
→ **Inutile, vous** *venez déjà de le différer.*

7.
→ **Inutile, il** *vient déjà de les reporter.*

8.
→ **Inutile, vous** *venez déjà de l'étudier.*

9.
→ **Inutile, il** *vient déjà de les publier.*

10.
→ **Inutile, vous** *venez déjà de le donner.*

$$\boxed{\textbf{LEÇON 2}}$$

LE BUDGET. UNE INDUSTRIE EN EXPANSION

A — Vous sembliez **étonnée que** l'Asindie n'ait pas de **ressources financières** suffisantes. **En fait,** je veux dire qu'elle ne peut pas **faire face à** certaines **dépenses** trop importantes **par rapport au budget.**

B — Je devine que vous allez me parler des dépenses militaires.

A — Bien sûr! Je vous ai dit que, depuis sept ans, l'Asindie **mène** des opérations de pacification. Cela **équivaut à** une guerre qui **entraîne** une **augmentation** régulière des dépenses militaires.

B — Je suppose que **les investissements,** les **dépenses culturelles** et le **budget** des **affaires sociales** ainsi que celui des **travaux publics** ont augmenté parallèlement?

A — A vrai dire, à peine. Pour **garantir** un **strict équilibre budgétaire,** le gouvernement asindais a **imposé des mesures** rigoureuses **d'économie** dans certains **secteurs.** En particulier dans le secteur culturel et dans le secteur social. C'est grâce à **la politique du budget en équilibre** que la **monnaie** asindaise est restée **stable dans l'ensemble.**

B — Mais si les investissements sont restés **stagnants,** l'industrie n'a pas dû **progresser.** D'ailleurs, aucune **branche** du secteur économique n'a dû se développer...

A — Mais si. Deux industries sont **en expansion** : l'industrie **touristique,** et l'industrie **alimentaire;** mais ce n'est pas étonnant car, à l'heure actuelle, ce sont souvent **les deux premiers** secteurs de pointe des petits **pays en voie de** développement.

B — Pour l'industrie touristique, je peux comprendre. L'Asindie **jouit d'**un climat agréable pour le visiteur et l'augmentation du nombre de **voitures** et des **agences** de voyage **a permis aux** touristes de venir visiter l'Asindie. Mais sur quels **facteurs économiques** l'industrie alimentaire a-t-elle pu **s'appuyer**?

A — Eh bien **d'abord** et justement sur le tourisme. **L'afflux de** touristes, et donc de **devises,** a créé une demande importante de produits alimentaires. **Ensuite,** les **débouchés offerts à l'exportation** par les États-Unis et l'Amérique du Sud ont aussi **suscité** son développement.

B — Il semble donc que l'Asindie puisse **se sortir d'affaire** dans les **années à venir**?

A — C'est vrai. Mais je pense que **seule** la diminution des dépenses militaires, c'est-à-dire une meilleure **distribution des** dépenses **nationales** lui permettrait de **prendre un nouveau départ.**

CONVERSATION 2

A — Vous sembliez *étonnée que* l'Asindie n'ait pas de *ressources financières* suffisantes. // *En fait,* / je veux dire qu'elle ne peut pas *faire face à* certaines *dépenses* / trop importantes *par rapport au budget.* ///

B — Je devine que vous allez me parler des dépenses militaires. ///

A — Bien sûr! // Je vous ai dit que, depuis sept ans, / l'Asindie *mène* des opérations de pacification. / Cela *équivaut* à une guerre / qui *entraîne* une augmentation régulière des dépenses militaires. ///

B — Je suppose que les *investissements*, / les *dépenses culturelles* et le *budget* des *affaires sociales* / ainsi que celui des *travaux publics* / ont augmenté parallèlement? //

A — A vrai dire, à peine. // Pour *garantir* un *strict équilibre budgétaire*, / le gouvernement asindais a *imposé des mesures* rigoureuses *d'économie* dans certains *secteurs*. // En particulier dans le secteur culturel et dans le secteur social. // C'est grâce à *la politique du budget en équilibre* / que la *monnaie* asindaise est restée *stable dans l'ensemble*. ///

B — Mais si les investissements sont restés *stagnants*, / l'industrie n'a pas dû *progresser*. // D'ailleurs, aucune *branche* du secteur économique n'a dû se développer... ///

A — Mais si. // Deux industries sont *en expansion* / : l'industrie *touristique*, et l'industrie *alimentaire;* / mais ce n'est pas étonnant car, à l'heure actuelle, / ce sont souvent *les deux premiers* secteurs de pointe / des petits *pays en voie de* développement. /

B — Pour l'industrie touristique, je peux comprendre. // L'Asindie *jouit d'un* climat agréable pour le visiteur / et l'augmentation du nombre de *voitures* et des *agences* de voyage / *a permis aux* touristes de venir visiter l'Asindie. / Mais sur quels facteurs économiques l'industrie alimentaire a-t-elle pu *s'appuyer*? ///

A — Eh bien *d'abord* et justement sur le tourisme. // *L'afflux* de touristes, et donc de *devises*, / a créé une demande importante de produits alimentaires. / *Ensuite*, les *débouchés offerts à l'exportation* par les États-Unis et l'Amérique du Sud / ont aussi *suscité* son développement. /

B — Il semble donc que l'Asindie puisse *se sortir d'affaire* dans les *années à venir*? ///

A — C'est vrai. // Mais je pense que *seule* la diminution des dépenses militaires, / c'est-à-dire une meilleure *distribution des* dépenses *nationales* / lui permettrait de *prendre un nouveau départ*.

EXERCICES D'ACQUISITION 2

A. — *Quelques expressions de même sens :*

◆ Les investissements sont restés stagnants.
Les investissements n'ont fait aucun progrès.
Les investissements n'ont pas augmenté.

◆ Ils ne peuvent pas se sortir d'affaire tout seuls.
Ils ne sont pas en mesure de résoudre leurs problèmes tout seuls.
Ils ne peuvent pas rétablir leur situation tout seuls.
Ils sont incapables de redresser leur situation tout seuls.

◆ Les nouveaux débouchés ont suscité le développement de l'industrie alimentaire.
Les nouveaux marchés offerts ont entraîné le développement de l'industrie alimentaire.

◆ L'augmentation du nombre de voitures crée un afflux de touristes.
Le nombre croissant des voitures entraîne une arrivée massive de touristes.

B. — *Quelques expressions de sens contraire :*

◆ L'Asindie est en pleine expansion.
L'Asindie est en pleine récession.

◆ Le gouvernement a rétabli la situation.
Le gouvernement a compromis la situation.

◆ L'économie asindaise prend un nouveau départ.
L'économie asindaise est en perte de vitesse.
L'économie asindaise est en régression.

C. — *Une nuance :*

◆ Un strict équilibre budgétaire.
Un relatif équilibre budgétaire.

EXERCICES STRUCTURAUX 2.1

Exemples :

a) Vous allez me parler des dépenses militaires.

→ *Je — vous...*

dites : *Je vais vous parler des dépenses militaires.*

b) Je vous ai dit que l'Asindie mène des opérations de pacification.

→ *Il — me...*

dites : *Il m'a dit que l'Asindie mène des opérations de pacification.*

Commencez l'exercice :

1. Vous allez me parler des dépenses militaires.

→ *Je — vous...*

2. Je vous ai dit que l'Asindie mène des opérations de pacification.

→ *Il — me...*

3. Il leur impose des mesures d'économie.

→ *Nous — vous...*

4. Elle lui explique la situation.

→ *Je — leur...*

5. Ils peuvent nous parler de l'industrie.

→ *Nous — lui...*

6. Nous leur permettons de rétablir la situation.

→ *Je — lui...*

7. Je vous donne un coup de téléphone.

→ *Vous — leur...*

8. Il leur dit que les investissements sont stagnants.

→ *Vous — lui...*

9. Vous allez leur garantir de nouveaux débouchés.

→ *Il — nous...*

10. Nous lui expliquons la baisse du rendement agricole.

→ *Elles — leur...*

EXERCICES STRUCTURAUX 2.2

Exemples :

a) L'Asindie n'a pas de ressources financières.
→ *Il semble bien que...*
dites : *Il semble bien que l'Asindie n'ait pas de ressources financières.*
b) L'Asindie peut s'en sortir.
→ *Vous semblez étonné que...*
dites : *Vous semblez étonné que l'Asindie puisse s'en sortir.*

Commencez l'exercice :

1. L'Asindie n'a pas de ressources financières.
→ *Il semble bien que...*

2. L'Asindie peut s'en sortir.
→ *Vous semblez étonné que...*

3. L'industrie alimentaire est importante.
→ *Il semble bien...*

4. Vous expliquez clairement la situation.
→ *Il semble bien...*

5. Nous ne trouvons pas de nouveaux débouchés.
→ *Vous semblez étonné...*

6. La situation doit s'améliorer rapidement.
→ *Il semble bien...*

7. Je viens d'examiner les statistiques.
→ *Vous semblez étonné...*

8. Le gouvernement garantit l'équilibre budgétaire.
→ *Vous semblez étonné...*

9. L'afflux des touristes a créé une demande de produits alimentaires.
→ *Il semble bien...*

10. Ils sont obligés de reporter leur programme de remembrement.
→ *Vous semblez étonné...*

EXERCICES STRUCTURAUX 2.1
CORRIGÉ

1.
→ *Je vais vous parler des dépenses militaires.*

2.
→ *Il m'a dit que l'Asindie mène des opérations de pacification.*

3.
→ *Nous vous imposons des mesures d'économie.*

4.
→ *Je leur explique la situation.*

5.
→ *Nous pouvons lui parler de l'industrie.*

6.
→ *Je lui permets de rétablir la situation.*

7.
→ *Vous leur donnez un coup de téléphone.*

8.
→ *Vous lui dites que les investissements sont stagnants.*

9.
→ *Il va nous garantir des nouveaux débouchés.*

10.
→ *Elles leur expliquent la baisse du rendement agricole.*

EXERCICES STRUCTURAUX 2.2
CORRIGÉ

1.
→ *Il semble bien que* l'Asindie n'ait pas de ressources financières.

2.
→ *Vous semblez étonné* que l'Asindie puisse s'en sortir.

3.
→ *Il semble bien* que l'industrie alimentaire soit importante.

4.
→ *Il semble bien* que vous expliquiez clairement la situation.

5.
→ *Vous semblez étonné* que nous ne trouvions pas de nouveaux débouchés.

6.
→ *Il semble bien* que la situation doive s'améliorer rapidement.

7.
→ *Vous semblez étonné* que je vienne d'examiner les statistiques.

8.
→ *Vous semblez étonné* que le gouvernement garantisse l'équilibre budgétaire.

9.
→ *Il semble bien* que l'afflux des touristes ait créé une demande de produits alimentaires.

10.
→ *Vous semblez étonné* qu'ils soient obligés de reporter leur programme de remembrement.

LEÇON 3

CAPITAUX ET INVESTISSEMENTS

B — Je sais qu'il n'y a pas de **remède miracle** à une situation économique en **perte de vitesse**. La guerre de « pacification » une fois terminée, quelles **solutions immédiates préconisez**-vous pour **faire face** à la crise asindaise?

A — Le Gouvernement asindais devra avoir trois **objectifs : mettre fin** au **fléchissement** de la production de certains **secteurs** industriels **sacrifiés, procéder à la relance** de l'agriculture, **mettre sur pied** un **programme** de développement d'industries nouvelles.

B — C'est beaucoup plus facile à dire qu'à réaliser. Je suppose que vous parlez de secteurs industriels sacrifiés, parce que **l'industrie militaire** est actuellement **prioritaire?**

A — Évidemment. Il y a eu un **déplacement** important des **investissements vers** l'industrie militaire. **Au fur et à mesure** que le **taux d'investissement augmentait** dans le secteur militaire, il **diminuait** dans les autres secteurs. C'est d'ailleurs **l'état** qui a **montré l'exemple**. Les **investisseurs privés** ont suivi.

B — Oui, le **facteur psychologique** a dû **jouer un rôle** important. Les **capitaux privés** ont suivi **la voie** tracée par le gouvernement lui-même.

A — Le **facteur psychologique** a eu un double effet. D'une part beaucoup de capitaux privés se sont déplacés vers le secteur militaire; d'autre part, il y a eu, **dans une certaine mesure, crise de confiance** et diminution du taux d'investissement.

B — Je ne vous comprends pas très bien.

A — N'oubliez pas qu'une guerre *met* toujours *en péril* la *monnaie nationale.* C'est le cas en Asindie. Aussi, malgré un *contrôle* extrêmement *rigoureux* des *exportations de capitaux,* les investisseurs asindais sont *attirés par* des *placements à* l'étranger. Cela se fait *au détriment des* investissements nationaux.

B — Mais, est-ce que l'on peut vraiment parler d'une *fuite de capitaux?*

A — C'est difficile à *évaluer.* Mais dans un pays à la fois aussi petit et aussi pauvre que l'Asindie, le moindre *prélèvement sur* le *patrimoine national* prend *des allures* de catastrophe.

CONVERSATION 3

B — Je sais qu'il n'y a pas de *remède miracle* à une situation économique en *perte de vitesse.* // La guerre de « pacification » une fois terminée, / quelles *solutions immédiates préconisez-vous* pour *faire face* à la crise asindaise? //

A — Le Gouvernement asindais devra avoir trois *objectifs :* / *mettre fin au fléchissement* de la production de certains *secteurs* industriels *sacrifiés,* / *procéder à la relance* de l'agriculture, / *mettre sur pied* un *programme* de développement d'industries nouvelles. ///

B — C'est beaucoup plus facile à dire qu'à réaliser. / Je suppose que vous parlez de secteurs industriels sacrifiés, / parce que l'industrie militaire est actuellement *prioritaire?* //

A — Évidemment. // Il y a eu un *déplacement* important des *investissements vers* l'industrie militaire. // *Au fur et à mesure* que le *taux d'investissement* augmentait dans le secteur militaire, / il *diminuait* dans les autres secteurs. / C'est d'ailleurs l'*État* qui a *montré l'exemple.* / Les *investisseurs privés* ont suivi. ///

B — Oui, le *facteur psychologique* a dû *jouer un rôle* important. // Les *capitaux privés* ont suivi *la voie* tracée par le gouvernement lui-même. ///

A — Le facteur psychologique a eu un double effet. // D'une part beaucoup de capitaux privés se sont déplacés vers le secteur militaire; / d'autre part, / il y a eu, / *dans une certaine mesure, crise de confiance* et diminution du taux d'investissement. ///

B — Je ne vous comprends pas très bien. ///

A — N'oubliez pas qu'une guerre *met toujours en péril* la *monnaie nationale.* // C'est le cas en Asindie. // Aussi, malgré un *contrôle* extrêmement *rigoureux des exportations de capitaux,* / les investisseurs asindais sont *attirés par des placements* à l'étranger. // Cela se fait *au détriment des* investissements nationaux. //

B — Mais, est-ce que l'on peut vraiment parler d'une *fuite de capitaux?* ///

A — C'est difficile à *évaluer.* // Mais dans un pays à la fois aussi petit et aussi pauvre que l'Asindie, / le moindre *prélèvement sur le patrimoine national* prend *des allures* de catastrophe.

EXERCICES D'ACQUISITION 3

A. — *Quelques phrases de même sens :*

◆ Le gouvernement a mis sur pied un programme de développement.
Le gouvernement a organisé un plan de développement.

◆ Les solutions immédiates que vous préconisez sont intéressantes.
Les mesures d'urgence que vous conseillez sont intéressantes.
Les solutions immédiates que vous proposez offrent un certain intérêt.

◆ C'est l'État qui a montré l'exemple.
C'est le gouvernement qui a ouvert la voie.

◆ Une guerre met toujours l'économie d'un pays en péril.
Une guerre représente toujours une menace pour l'économie d'un pays.
Une guerre met inévitablement en danger l'économie d'un pays.

◆ Ils prendront de nouvelles mesures la guerre une fois terminée.
Ils mettront en œuvre d'autres moyens lorsque la guerre sera finie.

B. — *Quelques phrases de sens contraire :*

◆ Cette fuite de capitaux se fait au détriment des intérêts nationaux.
Cette rentrée de capitaux se fait au profit des intérêts nationaux.

◆ Tous les efforts se portent sur les secteurs prioritaires.
Toutes les énergies sont centrées sur les secteurs non prioritaires.

◆ Le facteur psychologique a joué un rôle important.
Le facteur psychologique n'a eu aucun effet.

◆ Le moindre prélèvement sur le patrimoine national est préjudiciable à l'économie tout entière.
Le moindre apport au patrimoine national est profitable à l'ensemble de l'économie.

C. — *Quelques nuances :*

◆ Le contrôle est extrêmement rigoureux.
Le contrôle est assez sévère.

◆ Nous allons immédiatement mettre en œuvre un nouveau plan économique.
Nous allons rapidement mettre en œuvre un nouveau plan.

EXERCICES STRUCTURAUX 3.1

Exemples

a) Le facteur psychologique a joué un rôle important.

→ *Le facteur...*

dites : *Le facteur* psychologique a dû jouer un rôle important.

b) Les investissements n'ont pas diminué.

→ *Les investissements...*

dites : *Les investissements* n'ont pas dû diminuer.

Commencez l'exercice :

1. Le facteur psychologique a joué un rôle important.

→ *Le facteur...*

2. Les investissements n'ont pas diminué.

→ *Les investissements...*

3. Les investisseurs nationaux ont été attirés par des placements à l'étranger.

→ *Les investisseurs nationaux...*

4. L'État n'a pas montré le meilleur exemple.

→ *L'État...*

5. Je ne vous ai pas très bien compris.

→ *Je...*

6. Vous n'avez pas évalué toutes les conséquences de votre décision.

→ *Vous...*

7. Ils ont oublié que la guerre crée des crises de confiance.

→ *Ils...*

8. Beaucoup de capitaux se sont déplacés.

→ *Beaucoup de capitaux...*

9. Les nouvelles mesures n'ont pas mis la monnaie nationale en péril.

→ *Les nouvelles mesures...*

10. Les fuites de capitaux ont mis l'économie en péril.

→ *Les fuites de capitaux...*

EXERCICES STRUCTURAUX 3.2

Exemples :

a) Le secteur privé a montré l'exemple.

→ *Vraisemblablement...*

dites : *Le secteur privé a **vraisemblablement** montré l'exemple.*

b) Je ne vous ai pas compris.

→ *Probablement...*

dites : *Je ne vous ai **probablement** pas compris.*

c) Il n'a pas évalué toutes les conséquences de sa décision.

→ *Certainement...*

dites : *Il n'a **certainement** pas évalué toutes les conséquences de sa décision.*

Commencez l'exercice :

1. Le secteur privé a montré l'exemple.

→ *Vraisemblablement...*

2. Je ne vous ai pas compris.

→ *Probablement...*

3. Il n'a pas évalué toutes les conséquences de sa décision.

→ *Certainement...*

4. Le facteur psychologique a joué un rôle important.

→ *Vraisemblablement...*

5. Les investisseurs asindais ne sont pas attirés par l'étranger.

→ *Certainement...*

6. Ils vont mettre en œuvre un nouveau plan.

→ *Probablement...*

7. Il y a un déplacement important des investissements.

→ *Certainement...*

8. L'État ne procédera pas à la relance de l'économie.

→ *Vraisemblablement...*

9. Ce n'est pas difficile à évaluer.

→ *Probablement...*

10. Les Asindais réussiront à conserver une certaine stabilité monétaire.

→ *Vraisemblablement...*

```
┌─────────────────────────────────────┐
│   EXERCICES STRUCTURAUX 3.1          │
│         CORRIGÉ                       │
└─────────────────────────────────────┘
```

1.
→ *Le facteur* psychologique a dû jouer un rôle important.

2.
→ *Les investissements* n'ont pas dû diminuer.

3.
→ *Les investisseurs nationaux* ont dû être attirés par des placements à l'étranger.

4.
→ *L'État* n'a pas dû montrer le meilleur exemple.

5.
→ *Je* n'ai pas dû très bien vous comprendre.

6.
→ *Vous* n'avez pas dû évaluer toutes les conséquences de votre décision.

7.
→ *Ils* ont dû oublier que la guerre crée des crises de confiance.

8.
→ *Beaucoup de capitaux* ont dû se déplacer.

9.
→ *Les nouvelles mesures* n'ont pas dû mettre la monnaie nationale en péril.

10.
→ *Les fuites de capitaux* ont dû mettre l'économie en péril.

EXERCICES STRUCTURAUX 3.2
CORRIGÉ

1.
→ Le secteur privé a **vraisemblablement** montré l'exemple.

2.
→ Je ne vous ai **probablement** pas compris.

3.
→ Il n'a **certainement** pas évalué toutes les conséquences de sa décision.

4.
→ Le facteur psychologique a **vraisemblablement** joué un rôle important.

5.
→ Les investisseurs asindais ne sont **certainement** pas attirés par l'étranger.

6.
→ Ils vont **probablement** mettre en œuvre un nouveau plan.

7.
→ Il y a **certainement** un déplacement important des investissements.

8.
→ L'État ne procédera **vraisemblablement** pas à la relance de l'économie.

9.
→ Ce n'est **probablement** pas difficile à évaluer.

10.
→ Les Asindais réussiront **vraisemblablement** à conserver une certaine stabilité monétaire.

LEÇON 4

RECONVERSION D'UNE INDUSTRIE

B — Dès que la guerre **prendra fin,** la confiance **renaîtra.** Je pense qu'il **sera** alors **facile** au gouvernement asindais de **lancer** une politique de **réimportation des capitaux.**

A — **Cela va** même **plus loin.** Il pourra **entreprendre** une politique d'importation de capitaux étrangers. Les étrangers, non plus, n'ont pas confiance dans les **économies de guerre.**

B — Comment voyez-vous la **relance économique** de l'Asindie?

A — D'abord, le gouvernement asindais devra **procéder à** la **reconversion** intelligente de l'industrie militaire. On peut assez facilement **passer de** l'économie militaire **à** l'économie civile.

B — Oui, en **transformant** les **usines** de chars d'assaut en **fabriques** d'automobiles et de **machines agricoles.**

A — C'est ce qui **vient** immédiatement **à l'esprit.** Mais il y a aussi la possibilité de **reconvertir** toutes les **industries** militaires **annexes.** Lorsqu'on parle de guerre, on pense d'abord aux armes. On ne songe pas immédiatement à **l'électronique.** Or toutes les industries électroniques militaires peuvent **servir** plus tard le **secteur civil.**

B — C'est vrai. On peut aussi penser à la reconversion d'industries **secondaires** comme celles des **emballages et conditionnements.** Là encore, du militaire au civil, il n'y a qu'un pas.

A — Vous voyez que les exemples sont nombreux. Or, l'Asindie **bénéficie de** bonnes conditions pour **amorcer** cette transformation. Elle n'a pas de **problèmes de main-d'œuvre.** Grâce à la **formation** militaire elle ne manque pas de **cadres moyens qualifiés.** Elle dispose même d'une **réserve** suffisante de **chercheurs.**

B — Au cours de notre dernière conversation, je vous ai entendu parler d'industries sacrifiées. A quels **types** d'industrie **faisiez-vous allusion?**

A — Eh bien, la **situation** peut sembler **paradoxale;** mais c'est dans le secteur **même** où les industries se sont le mieux développées que l'on trouve les secteurs sacrifiés.

B — **Je ne** vous **suis** plus du tout.

A — C'est très simple. Prenons l'exemple de l'industrie alimentaire. Nous savons qu'elle a progressé. Mais cette **tendance à** la progression est tout naturellement **freinée** par la **stagnation** de l'agriculture.

B — Donc, si l'on met enfin en application le plan d'irrigation qui développera l'agriculture, l'industrie alimentaire verra en **même temps** augmenter son **expansion?**

A — Exactement. Mais il faut d'abord **rétablir** la paix. Ensuite, il faut procéder à une **gestion saine** des conditions nouvelles qui en **résulteront.** Sinon, toute **tentative** restera **sans effet.**

CONVERSATION 4

B — Dès que la guerre *prendra fin, la confiance renaîtra.* // Je pense qu'il sera alors facile au gouvernement asindais / de *lancer* une politique de *réimportation des capitaux.* ///

A — *Cela va* même *plus loin.* // Il pourra *entreprendre* une politique d'importation de capitaux étrangers. // Les étrangers non plus n'ont pas confiance dans les *économies de guerre.* ///

B — Comment voyez-vous la *relance économique* de l'Asindie? //

A — D'abord, / le gouvernement asindais devra procéder à la *reconversion* intelligente de l'industrie militaire. // On peut assez facilement *passer* de l'économie militaire *à* l'économie civile. ///

B — Oui, en *transformant* les *usines* de chars d'assaut en *fabriques* d'automobiles et de *machines agricoles*. //

A — C'est ce qui *vient* immédiatement à *l'esprit*. // Mais il y a aussi la possibilité de *reconvertir* toutes les industries militaires *annexes*. // Lorsqu'on parle de guerre, on pense d'abord aux armes. // On ne songe pas immédiatement à *l'électronique*. // Or toutes les industries électroniques militaires peuvent *servir* plus tard le *secteur civil*. ///

B — C'est vrai. // On peut aussi penser à la reconversion d'industries *secondaires* / comme celles des *emballages et conditionnements*. // Là encore, du militaire au civil, il n'y a qu'un pas. ///

A — Vous voyez que les exemples sont nombreux. // Or, l'Asindie *bénéficie de* bonnes conditions pour *amorcer* cette transformation. // Elle n'a pas de *problèmes de main-d'œuvre*. // Grâce à la *formation* militaire elle ne manque pas de *cadres moyens qualifiés*. // Elle dispose même d'une *réserve* suffisante de *chercheurs* //

B — Au cours de notre dernière conversation, / je vous ai entendu parler d'industries sacrifiées. // A quels *types* d'industrie *faisiez-vous allusion*? //

A — Eh bien, la *situation* peut sembler *paradoxale ;* / mais c'est dans le secteur *même* où les industries se sont le mieux développées / que l'on trouve les secteurs sacrifiés. ///

B — *Je ne* vous *suis* plus du tout. ///

A — C'est très simple. // Prenons l'exemple de l'industrie alimentaire. // Nous savons qu'elle a progressé. // Mais cette *tendance* à la progression est tout naturellement *freinée* / par la *stagnation* de l'agriculture. ///

B — Donc, si l'on met enfin en application / le plan d'irrigation qui développera l'agriculture, / l'industrie alimentaire verra en *même temps* augmenter son *expansion ?* //

A — Exactement. // Mais il faut d'abord *rétablir* la paix.. // Ensuite, / il faut procéder à une *gestion saine* des conditions nouvelles qui en *résulteront*. // Sinon, toute *tentative* restera *sans effet*.

EXERCICES D'ACQUISITION 4

A. — Quelques phrases de même sens :

◆ Il sera facile au gouvernement Asindais de changer de politique.
Il ne sera pas difficile pour le gouvernement Asindais de modifier sa politique.

◆ Ils sont dans de bonnes conditions pour amorcer ces transformations.
Ils se trouvent dans une bonne position pour aborder ces changements.

◆ C'est dans ce secteur même qu'ils sont le mieux développés.
C'est précisément dans ce domaine qu'ils sont le mieux avancés.

◆ Je ne vous suis plus du tout.
Je ne vous comprends absolument plus.

◆ Ils vont mettre en application le plan d'irrigation.
Ils vont mettre en œuvre le plan d'irrigation.

B. — Quelques phrases de sens contraire :

◆ Ils n'ont pas de problème de main-d'œuvre.
Ils ont des difficultés de main-d'œuvre.
Ils sont à court de personnel.

◆ C'est une situation tout à fait paradoxale.
C'est une situation parfaitement normale.

◆ La progression a été freinée par la stagnation de l'agriculture.
La progression a été libérée par l'expansion de l'agriculture.

C. — Quelques nuances :

◆ C'est dans ce secteur même que les Asindais se sont le mieux développés.
C'est dans un secteur identique qu'ils se sont le mieux développés.

◆ La progression est freinée par la stagnation de l'agriculture.
La progression est arrêtée par la stagnation de l'agriculture.

EXERCICES STRUCTURAUX 4.1

Exemples :

a) Les Asindais n'ont pas confiance.

→ *Les étrangers...*

dites : *Les étrangers* n'ont pas confiance non plus.

b) Ils ne pensent pas à l'électronique.

→ *Vous...*

dites : *Vous* ne pensez pas à l'électronique non plus.

Commencez l'exercice :

1. Les Asindais n'ont pas confiance.

→ *Les étrangers...*

2. Ils ne pensent pas à l'électronique.

→ *Vous...*

3. Les Asindais n'ont. pas de problème de main-d'œuvre.

→ *Nous...*

4. Les Français ne pourront pas réaliser ce projet.

→ *La Grande-Bretagne...*

5. Ils n'amorcent pas cette relance dans de bonnes conditions.

→ *Vous...*

6. Je ne vous suis pas du tout.

→ *Le journaliste...*

7. Vous n'avez pas parlé des industries sacrifiées.

→ *Je...*

8. Nous ne transformerons pas nos industries militaires.

→ *L'Asindie...*

9. Les Américains ne manquent pas de cadres.

→ *La France...*

10. Vous n'augmentez pas vos dépenses militaires.

→ *Les Asindais...*

EXERCICES STRUCTURAUX 4.2

Exemples :

a) Le gouvernement asindais ne remet pas à plus tard le plan d'industrialisation.
→ *Nous...*
dites : *Nous ne le remettons pas à plus tard non plus.*

b) Les Français n'augmentent pas leur production en ce moment.
→ *L'Asindie...*
dites : *L'Asindie ne l'augmente pas non plus.*

c) L'équilibre du budget ne préservera pas forcément la stabilité de la monnaie.
→ *L'afflux de touristes...*
dites : *L'afflux de touristes ne la préservera pas forcément non plus.*

Commencez l'exercice :

1. Le gouvernement asindais ne remet pas à plus tard le plan d'industrialisation.
→ *Nous...*

2. Les Français n'augmentent pas leur production en ce moment.
→ *L'Asindie...*

3. L'équilibre du budget ne préservera pas forcément la stabilité de la monnaie.
→ *L'afflux de touristes...*

4. Vous n'abordez pas la relance dans de bonnes conditions.
→ *Ils...*

5. Je n'examine pas les statistiques officielles maintenant.
→ *Vous...*

6. Nous ne mettons pas notre nouveau plan en œuvre.
→ *Vous...*

7. L'Asindie ne peut pas reporter la discussion de son budget.
→ *Les Français...*

8. Les Asindais n'ont pas suffisamment développé le secteur industriel.
→ *Nous...*

9. La Grande-Bretagne ne pourra pas réaliser ce projet.
→ *Les Allemands...*

10. L'Asindie ne transformera pas son industrie militaire tout de suite.
→ *Nous...*

EXERCICES STRUCTURAUX 4.1
CORRIGÉ

1.
→ *Les étrangers n'ont pas confiance non plus.*

2.
→ *Vous ne pensez pas à l'électronique non plus.*

3.
→ *Nous n'avons pas de problème de main-d'œuvre non plus.*

4.
→ *La Grande-Bretagne ne pourra pas réaliser ce projet non plus.*

5.
→ *Vous n'amorcez pas cette relance dans de bonnes conditions non plus.*

6.
→ *Le journaliste ne vous suit pas du tout non plus.*

7.
→ *Je n'ai pas parlé des industries sacrifiées non plus.*

8.
→ *L'Asindie ne transformera pas ses industries militaires non plus.*

9.
→ *La France ne manque pas de cadres non plus.*

10.
→ *Les Asindais n'augmentent pas leurs dépenses militaires non plus.*

EXERCICES STRUCTURAUX 4.2
CORRIGÉ

1.
→ **Nous** ne le remettons pas à plus tard non plus.

2.
→ **L'Asindie** ne l'augmente pas non plus.

3.
→ **L'afflux de touristes** ne la préservera pas forcément non plus.

4.
— **Ils** ne l'abordent pas dans de bonnes conditions non plus.

5.
→ **Vous** ne les examinez pas maintenant non plus.

6.
→ **Vous** ne le mettez pas en œuvre non plus.

7.
→ **Les Français** ne peuvent pas la reporter non plus.

8.
→ **Nous** ne l'avons pas suffisamment développé non plus.

9.
→ **Les Allemands** ne pourront pas le réaliser non plus.

10.
→ **Nous** ne la transformerons pas tout de suite non plus.

LEÇON 5

ACCORDS COMMERCIAUX ET IMPORTATIONS

B — Je **serais curieuse** de connaître **l'état actuel** de nos **relations commerciales** avec l'Asindie.

A — Elles sont assez bonnes. **En pleine évolution** et en pleine **expansion, en ce qui concerne** nos **ventes** dans certains **secteurs.**

B — Je suppose que nous lui vendons du **matériel militaire?**

A — Nous lui en **fournissons relativement peu.** Les Asindais, dans ce secteur, ont d'autres **fournisseurs.** Mais nous avons surtout signé avec eux **des accords de vente** de **denrées agricoles,** et de **produits finis. Il s'agit** de ceux que leur **effort militaire** ne leur permet pas de **produire** eux-mêmes.

B — Pour les denrées agricoles, **il est assez facile de** deviner qu'il s'agit de **blé** et de **produits laitiers,** puisque ce sont les **postes** où nous sommes toujours **exportateurs.**

A — Évidemment. Mais vous oubliez le **sucre** qui est aussi un poste important de nos **exportations.**

B — **Je me demande pourquoi** il existe un **accroissement** aussi rapide **des besoins en produits agricoles.**

A — Vous oubliez la **naissance** des **industries de transformation alimentaire** en Asindie.

B — C'est vrai. Quelles sont nos exportations de **produits industriels** les plus importantes?

A — **Il va de soi,** qu'**en premier lieu** il existe un **gonflement** de nos ventes de **machines outils** et **d'appareillages électriques.**

B — Puisqu'il s'agit d'un **mouvement général,** les Asindais nous achètent probablement plus d'automobiles.

A — Naturellement. Mais **dans ce domaine,** de nouveaux **projets se dessinent.** Des **pourparlers** commencés il y a dix-huit mois **entre** le gouvernement asindais et Renault sont **près d'aboutir.** Il s'agit de la **création** d'une **chaîne de montage** de **voitures de tourisme** et de **véhicules utilitaires légers.**

B — **Tout est donc pour le mieux** dans nos relations avec l'Asindie.

A — Disons qu'il y a un **progrès sensible.** En particulier **l'accord** Renault-Asindie, s'il **a lieu,** sera peut-être **à l'origine de** nouveaux projets.

B — Vous **envisagez** la **possibilité d'installation d'usines** par nos **firmes?**

A — Oui. Installer des usines ou des **fabriques** est une excellente **forme de marché.**

B — Tout à l'heure, j'ai remarqué une certaine **réticence** dans votre réponse.

A — Oui. Nos relations commerciales sont bonnes. Mais tout n'est pas pour le mieux comme vous le pensiez. Vous allez voir qu'il existe quand même quelques **problèmes.**

CONVERSATION 5

B — Je *serais curieuse de* connaître / *l'état actuel* de nos *relations commerciales* avec l'Asindie. ///

A — Elles sont assez bonnes. // *En pleine évolution* et en pleine *expansion,* / en ce qui concerne nos *ventes* dans certains *secteurs.* ///

B — Je suppose que nous lui vendons du *matériel militaire?* //

A — Nous lui en *fournissons relativement peu.* // Les Asindais, dans ce secteur, ont d'autres *fournisseurs.* // Mais nous avons surtout signé avec eux / *des accords de vente de denrées agricoles, et de produits finis.* // *Il s'agit* de ceux / que leur *effort militaire* ne leur permet pas de *produire eux-mêmes.* ///

B — Pour les denrées agricoles, / *il est assez facile de* deviner qu'il s'agit de *blé* et de *produits laitiers,* / puisque ce sont les *postes* où nous sommes toujours *exportateurs.* ///

A — Évidemment. // Mais vous oubliez le *sucre* qui est aussi un poste important de nos *exportations.* ///

B — *Je me demande pourquoi* / il existe un *accroissement* aussi rapide *des besoins en produits agricoles.* ///

A — Vous oubliez la *naissance des industries de transformation alimentaire* en Asindie. //

B — C'est vrai. // Quelles sont nos exportations de *produits industriels* les plus importantes? //

A — *Il va de soi, qu'en premier lieu* / il existe un *gonflement* de nos ventes de *machines outils* et *d'appareillages électriques.* ///

B — Puisqu'il s'agit d'un *mouvement général,* / les Asindais nous achètent probablement plus d'automobiles. ///

A — Naturellement. // Mais *dans ce domaine,* de nouveaux *projets se dessinent.* // Des *pourparlers* commencés il y a dix-huit mois *entre le gouvernement* asindais et Renault / sont *près d'aboutir.* // Il s'agit de la *création* d'une *chaîne de montage* de *voitures de tourisme* et de *véhicules utilitaires légers.* ///

B — *Tout est donc pour le mieux* dans nos relations avec l'Asindie. ///

A — Disons qu'il y a un *progrès sensible.* // En particulier *l'accord* Renault-Asindie, s'il *a lieu,* / sera peut-être à *l'origine de* nouveaux projets. ///

B — Vous *envisagez* la *possibilité d'installation d'usines* par nos *firmes?* //

A — Oui. Installer des usines ou des *fabriques* est une excellente *forme de marché.* //

B — Tout à l'heure, j'ai remarqué une certaine *réticence* dans votre réponse. ///

A — Oui. / Nos relations commerciales sont bonnes. // Mais tout n'est pas pour le mieux comme vous le pensiez. // Vous allez voir qu'il existe quand même quelques *problèmes.*

EXERCICES D'ACQUISITION 5

A. — *Quelques phrases de même sens :*

◆ Il va de soi qu'il existe un gonflement de nos exportations.
Il est évident qu'il existe une augmentation de nos ventes à l'étranger.

◆ Ils ont commencé des pourparlers il y a dix-huit mois.
Ils ont entamé des discussions depuis dix-huit mois.
Ils ont entamé des négociations il y a dix-huit mois.

◆ Il y a un progrès sensible.
Il y a un progrès certain.
Il y a une amélioration évidente.

◆ Leurs discussions sont près d'aboutir.
Leurs pourparlers sont sur le point de donner des résultats concrets.

B. — *Quelques phrases de sens contraire :*

◆ Tout est pour le mieux dans nos relations.
Rien ne va plus dans nos relations.

◆ C'est un secteur d'exportation important.
C'est un poste d'exportation mineur.

◆ Il y a un progrès sensible.
Il n'y a aucun progrès.
Il n'y a pas de progrès du tout.

◆ Ils abordent ce projet avec réticence.
Ils abordent ce plan sans hésitation.

C. — *Quelques nuances :*

◆ Il y a un progrès sensible.
Il y a un certain progrès.

◆ Il y a un certain progrès.
Il y a un progrès certain.

EXERCICES STRUCTURAUX 5.1

Exemples :

a) Les Asindais ont signé un accord avec nous.

→ *Nous...*

dites : *Nous avons signé un accord avec eux.*

b) Vous entamez des discussions avec la Grande-Bretagne.

→ *Elle...*

dites : *Elle entame des discussions avec vous.*

Commencez l'exercice :

1. Les Asindais ont signé un accord avec nous.
→ *Nous...*

2. Vous entamez des discussions avec la Grande-Bretagne.
→ *Elle...*

3. Vous commencez à travailler avec les Soviétiques.
→ *Ils...*

4. Les Américains échangent des produits agricoles avec l'Asindie.
→ *Elle...*

5. Le Canada discute avec la France.
→ *Elle...*

6. Dans huit jours, l'Allemagne aura commencé des pourparlers avec le Brésil.
→ *Il...*

7. Les Asindais vont mettre fin aux négociations avec le Japon.
→ *Il...*

8. L'Argentine vient de signer un accord avec les Hollandais.
→ *Ils...*

9. Nous avons échangé des produits industriels avec vous.
→ *Vous...*

10. L'Irlande a entamé des discussions avec les Suédois.
→ *Ils...*

EXERCICES STRUCTURAUX 5.2

Exemples :

a) Nous n'avons pas de problème de main-d'œuvre.

→ *Les Asindais...*

dites : *Les Asindais* n'en ont pas non plus.

b) Vous prenez des exemples précis.

→ *Nous...*

dites : *Nous* en prenons aussi.

c) L'Asindie prend un nouveau départ.

→ *La France...*

dites : *La France* en prend un aussi.

Commencez l'exercice :

1. Nous n'avons pas de problème de main-d'œuvre.

→ *Les Asindais...*

2. Vous prenez des exemples précis.

→ *Nous...*

3. L'Asindie prend un nouveau départ.

→ *La France...*

4. L'Espagne ne manque pas de cadres.

→ *Les Américains...*

5. Vous ne mettez pas de nouveau plan en œuvre.

→ *L'Italie...*

6. L'afflux de touristes crée une demande de produits nouveaux.

→ *L'augmentation du niveau de vie...*

7. Les Norvégiens ont d'autres soucis en ce moment.

→ *Nous...*

8. L'Asindie n'exportera pas de produits alimentaires.

→ *Vous...*

9. La France échange des produits agricoles avec la Tunisie.

→ *La Belgique...*

10. En Asindie, il existe un accroissement rapide des besoins.

→ *En Algérie...*

```
┌─────────────────────────────────────┐
│    EXERCICES STRUCTURAUX 5.1         │
│             CORRIGÉ                   │
└─────────────────────────────────────┘
```

1.

→ **Nous** avons signé un accord avec eux.

2.

→ **Elle** entame des discussions avec vous.

3.

→ **Ils** commencent à travailler avec vous.

4.

→ **Elle** échange des produits agricoles avec eux.

5.

→ **Elle** discute avec lui.

6.

→ Dans huit jours **il** aura commencé des pourparlers avec elle.

7.

→ **Il** va mettre fin aux négociations avec eux.

8.

→ **Ils** viennent de signer un accord avec elle.

9.

→ **Vous** avez échangé des produits industriels avec nous.

10.

→ **Ils** ont entamé des discussions avec elle.

EXERCICES STRUCTURAUX 5.2
CORRIGÉ

1.
→ *Les Asindais* n'en ont pas non plus.

2.
→ *Nous* en prenons aussi.

3.
→ *La France* en prend un aussi.

4.
→ *Les Américains* n'en manquent pas non plus.

5.
→ *L'Italie* n'en met pas non plus.

6.
→ *L'augmentation du niveau de vie* en crée une aussi.

7.
→ *Nous* en avons d'autres aussi.

8.
→ *Vous* n'en exporterez pas non plus.

9.
→ *La Belgique* en échange aussi.

10.
→ *En Algérie* il en existe un aussi.

LEÇON 6

QUELQUES ÉCHECS COMMERCIAUX

B — Quels sont donc les problèmes **commerciaux** qui **existent entre** l'Asindie **et** nous et dont vous parliez il y a quelques minutes?

A — Eh bien, jusqu'ici, nous avons parlé de nos ventes à l'Asindie qui ont augmenté, mais nous avons **laissé dans l'ombre** le **fléchissement** des exportations dans certains secteurs.

B — Il doit exister une certaine **dégradation en ce qui concerne** les produits alimentaires finis puisque maintenant les Asindais **transforment** eux-mêmes **les matières premières** qu'ils produisent ou qu'ils importent.

A — Vous avez tout à fait raison. Mais il existe **des postes** où la **diminution** de nos ventes a **des causes** moins directes.

B — Lesquels?

A — Le secteur où nous avons le plus **régressé** est celui des **textiles**.

B — Est-ce que les Asindais se sont mis, là aussi, à produire euxmêmes?

A — Pas du tout. C'est un **phénomène** très **répandu** dans les pays **sous-développés.** Le niveau de vie moyen de l'Asindais **a stagné** alors que nos produits ont **subi** les **augmentations normales** des cours mondiaux. Nous assistons donc en Asindie à **une détérioration du pouvoir d'achat** familial et à une **mévente** de certains produits.

B — Mais est-ce qu'on ne peut pas faire **entrer** aussi **en ligne de compte** l'influence de la **concurrence étrangère?**

A — Oh si, bien sûr. **On dit que** les Américains **trouvent** en Asindie **des marchés nouveaux à notre détriment.** Mais il y a d'autres secteurs où la diminution de nos exportations ne peut pas **s'expliquer par** la concurrence. **La librairie,** par exemple.

B — Pourquoi la concurrence ne *jouerait*-elle pas?

A — Parce que vous oubliez que l'Asindie est un pays *d'expression française,* et que *dans ce domaine* personne ne peut *entrer* sérieusement *en compétition avec* nous.

B — Est-ce que cet *état de choses* vous rend *pessimiste quant à* l'avenir de nos *relations commerciales* avec l'Asindie? Dans l'ensemble et *malgré* le *fléchissement* de certains postes, elles paraissent assez *satisfaisantes.*

A — Effectivement, rien n'*appelle au* pessimisme. Mais *dans une certaine mesure* nous devons *nous battre* et *offrir* des *prix compétitifs.* Pourtant, comme nous sommes nous-mêmes de gros *clients* de l'Asindie il est *peu probable que* nos marchés *se détériorent* sérieusement.

B — Vous *mentionnez* un fait intéressant. Dans quels secteurs sommes-nous importateurs de produits asindais?

CONVERSATION 6

B — Quels sont donc les problèmes *commerciaux* qui *existent entre* l'Asindie et nous / et dont vous parliez il y a quelques minutes? //

A — Eh bien, / jusqu'ici, nous avons parlé de nos ventes à l'Asindie qui ont augmenté, / mais nous avons *laissé dans l'ombre* le *fléchissement* des exportations dans certains secteurs. ///

B — Il doit exister une certaine *dégradation en ce qui concerne* les produits alimentaires finis / puisque maintenant les Asindais *transforment* eux-mêmes / *les matières premières* qu'ils produisent ou qu'ils importent. ///

A — Vous avez tout à fait raison. // Mais il existe *des postes* où la *diminution* de nos ventes a *des causes* moins directes. ///

B — Lesquels? //

A — Le secteur où nous avons le plus *régressé* est celui des *textiles*. ///

B — Est-ce que les Asindais se sont mis, là aussi, à produire eux-mêmes? //

A — Pas du tout. // C'est un *phénomène* très *répandu* dans les pays *sous-développés*. // Le niveau de vie moyen de l'Asindais *a stagné* / alors que nos produits ont *subi* les *augmentations normales* des cours mondiaux. // Nous assistons donc en Asindie à *une détérioration du pouvoir d'achat* familial / et à une *mévente* de certains produits .///

B — Mais est-ce qu'on ne peut pas faire *entrer* aussi *en ligne de compte* / *l'influence* de la *concurrence étrangère?* //

A — Oh si, bien sûr. // *On dit que* les Américains *trouvent* en Asindie *des marchés nouveaux à notre détriment.* // Mais il y a d'autres secteurs / où la diminution de nos exportations ne peut pas s'*expliquer par* la concurrence. // *La librairie,* par exemple. ///

B — Pourquoi la concurrence ne *jouerait*-elle pas? //

A — Parce que vous oubliez que l'Asindie est un pays *d'expression française,* / et que *dans ce domaine* / personne ne peut *entrer* sérieusement *en compétition avec* nous. ///

B — Est-ce que cet *état de choses* vous rend *pessimiste quant* à l'avenir de nos *relations commerciales* avec l'Asindie? // Dans l'ensemble et *malgré* le *fléchissement* de certains postes, / elles paraissent assez *satisfaisantes.* ///

A — Effectivement, rien n'*appelle au* pessimisme. // Mais *dans une certaine mesure* nous devons *nous battre* / et *offrir* des *prix compétitifs.* // Pourtant, comme nous sommes nous-mêmes de gros *clients* de l'Asindie / il est *peu probable* que nos marchés *se détériorent* sérieusement. ///

B — Vous *mentionnez* un fait intéressant. // Dans quels secteurs sommes-nous importateurs de produits asindais?

EXERCICES D'ACQUISITION 6

A. — *Quelques expressions de même sens :*

◆ Il faut faire entrer la concurrence étrangère en ligne de compte.
Il faut prendre la concurrence étrangère en considération.

◆ On dit que les Américains trouvent des marchés nouveaux en Asindie.
Il paraît que les Américains trouvent des débouchés nouveaux en Asindie.
On rapporte que les Américains découvrent des marchés nouveaux en Asindie.

◆ Il est peu probable que nos marchés se détériorent sérieusement.
Il est peu vraisemblable que nos ventes fléchissent sensiblement.
Il ne semble pas que nos marchés puissent se dégrader sérieusement.

◆ Malgré le fléchissement de certains postes, les relations paraissent satisfaisantes.
En dépit du fléchissement d'un certain nombre de postes, les relations semblent bonnes.
Bien que nous cédions du terrain dans certains secteurs, les rapports semblent satisfaisants.

◆ Ils trouvent de nouveaux marchés à notre détriment.
Ils nous enlèvent certains marchés nouveaux.

B. — *Quelques expressions de sens contraire :*

◆ Nous avons laissé dans l'ombre le fléchissement de nos exportations.
Nous avons mis en lumière le fléchissement de nos exportations.
Nous avons mis au premier plan la baisse de nos exportations.

◆ Il fait entrer la concurrence étrangère en ligne de compte.
Il laisse la concurrence étrangère de côté.
Il met la concurrence étrangère à part.

C. — *Une nuance :*

◆ Les relations paraissent satisfaisantes.
Les relations sont satisfaisantes.

EXERCICES STRUCTURAUX 6.1

Exemples :

a) Nos ventes à l'Asindie ont augmenté.
→ ***Nous avons parlé...***
dites : ***Nous avons parlé*** *de nos ventes à l'Asindie qui ont augmenté.*
b) Des problèmes existent entre l'Asindie et nous.
→ ***Vous avez laissé dans l'ombre...***
dites : ***Vous avez laissé dans l'ombre*** *les problèmes qui existent entre l'Asindie et nous.*

Commencez l'exercice :

1. Nos ventes à l'Asindie ont augmenté.
→ ***Nous avons parlé...***
2. Des problèmes existent entre l'Asindie et nous.
→ ***Vous avez laissé dans l'ombre...***
3. Les relations avec le gouvernement se détériorent.
→ ***Il a parlé...***
4. La concurrence étrangère entre en ligne de compte.
→ ***Nous avons laissé dans l'ombre...***
5. Les Américains trouvent des marchés nouveaux en Asindie.
→ ***Nous avons parlé...***
6. Cette situation vous rend pessimiste.
→ ***Vous avez parlé...***
7. De nouveaux projets se dessinent.
→ ***Ils ont laissé dans l'ombre...***
8. Le facteur psychologique a eu un double effet.
→ ***Elle a parlé...***
9. Les placements à l'étranger se font au détriment des investissements nationaux.
→ ***Vous avez parlé...***

10. La formation militaire fournit beaucoup de cadres moyens à l'Asindie.
→ ***Elle a laissé dans l'ombre...***

54

EXERCICES STRUCTURAUX 6.2

Exemples :

a) Vous étudiez des problèmes importants.
→ *Je veux parler...*
dites : *Je veux parler des problèmes importants que vous étudiez.*
b) Les Asindais reconvertiront leur industrie militaire.
→ *Vous faites allusion à...*
dites : *Vous faites allusion à l'industrie militaire que les Asindais reconvertiront.*

Commencez l'exercice :

1. Vous étudiez des problèmes importants.
→ *Je veux parler...*

2. Les Asindais reconvertiront leur industrie militaire.
→ *Vous faites allusion...*

3. Les Français ont créé une chaîne de montage.
→ *Elle veut parler...*

4. Les Américains nous vendent des produits textiles.
→ *Je fais allusion...*

5. Les Allemands trouvent des débouchés nouveaux.
→ *Nous voulons parler...*

6. Vous avez laissé de côté le fléchissement de nos ventes.
→ *Je veux parler...*

7. Les Asindais vont entreprendre une politique d'importation de capitaux.
→ *Vous faites allusion...*

8. Nous mettons sur pied un programme de développement industriel.
→ *Il veut parler...*

9. Les Asindais vont rétablir la paix.
→ *Ils font allusion...*

10. Le gouvernement doit avoir trois objectifs.
→ *Elles veulent parler...*

EXERCICES STRUCTURAUX 6.1
CORRIGÉ

1.
→ *Nous avons parlé* de nos ventes à l'Asindie qui ont augmenté.

2.
→ *Vous avez laissé dans l'ombre* les problèmes qui existent entre l'Asindie et nous.

3.
→ *Il a parlé* de nos relations avec le gouvernement qui se détériorent.

4.
→ *Nous avons laissé dans l'ombre* la concurrence étrangère qui entre en ligne de compte.

5.
→ *Nous avons parlé* des Américains qui trouvent des marchés nouveaux en Asindie.

6.
→ *Vous avez parlé* de cette situation qui vous rend pessimiste.

7.
→ *Ils ont laissé dans l'ombre* les nouveaux projets qui se dessinent.

8.
→ *Elle a parlé* du facteur psychologique qui a eu un double effet.

9.
→ *Vous avez parlé* des placements à l'étranger qui se font au détriment des investissements nationaux.

10.
→ *Elle a laissé dans l'ombre* la formation militaire qui fournit beaucoup de cadres moyens à l'Asindie.

EXERCICES STRUCTURAUX 6.2
CORRIGÉ

1.

→ *Je veux parler* des problèmes importants que vous étudiez.

2.

→ *Vous faites allusion* à l'industrie militaire que les Asindais reconvertiront.

3.

→ *Elle veut parler* de la chaîne de montage que les Français ont créée.

4.

→ *Je fais allusion* aux produits textiles que les Américains nous vendent.

5.

→ *Nous voulons parler* des débouchés nouveaux que les Allemands trouvent.

6.

→ *Je veux parler* du fléchissement de nos ventes que vous avez laissé de côté.

7.

→ *Vous faites allusion* à la politique d'importation de capitaux que les Asindais vont entreprendre.

8.

→ *Il veut parler* du programme de développement industriel que nous mettons sur pied

9.

→ *Ils font allusion* à la paix que les Asindais vont rétablir.

10.

→ *Elles veulent parler* des trois objectifs que le gouvernement doit avoir.

COMMERCE EXTÉRIEUR AVEC L'ENSEMBLE DES PAYS

Données mensuelles corrigées des variations saisonnières et des jours ouvrables et mises en moyennes mobiles sur 3 mois.

Source : I.N.S.E.E.   Unité : million de francs.

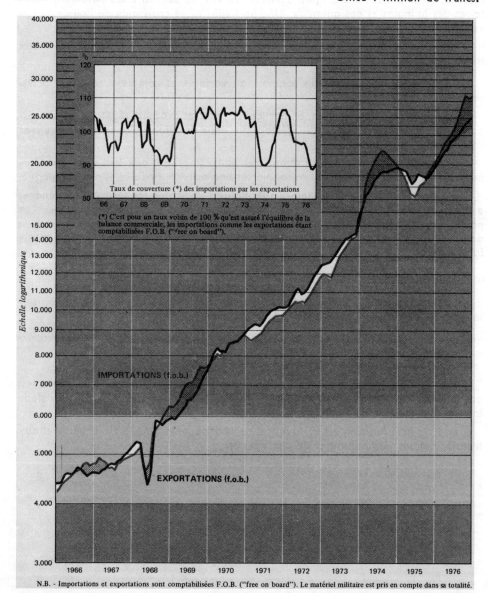

Taux de couverture (*) des importations par les exportations

(*) C'est pour un taux voisin de 100 % qu'est assuré l'équilibre de la balance commerciale, les importations comme les exportations étant comptabilisées F.O.B. ("free on board").

Echelle logarithmique

IMPORTATIONS (f.o.b.)

EXPORTATIONS (f.o.b.)

N.B. - Importations et exportations sont comptabilisées F.O.B. ("free on board"). Le matériel militaire est pris en compte dans sa totalité.

VUE D'ENSEMBLE SUR LES
INDUSTRIES AGRICOLES ALIMENTAIRES

Les industries agricoles et alimentaires transforment la matière première biologique, essentiellement d'origine agricole, en vue de satisfaire les besoins alimentaires des humains et des animaux. Une part sans cesse croissante de l'alimentation est assurée par ces industries.

Les caractéristiques particulières à la matière première agricole confèrent aux industries agricoles et alimentaires leur unité et leur originalité.

● Les produits agricoles de composition variable et complexe sont très périssables.

● Leur cycle de production, en particulier pour les produits végétaux, ne correspond pas à l'année civile, mais s'étend sur deux fractions d'années consécutives constituant « la campagne ».

● Leur récolte se fait en un temps très limité imposant aux industries transformatrices un approvisionnement saisonnier et une activité modulée sur la campagne.

● La surproduction de certaines spéculations agricoles (betteraves, blé tendre) a entraîné une surproduction des produits transformés (farine, sucre, alcool). Les pouvoirs publics ont été amenés à limiter soit la production, soit la transformation de ces produits en fixant un certain contingent pour les matières premières à transformer.

Les fonctions assumées par les I.A.A. peuvent être ramenées au nombre de trois :

1. Stabilisation et conservation des denrées périssables afin de pouvoir ajuster le cycle de production à celui de la consommation ;

2. Transformation de produits non directement utilisables pour l'alimentation ;

3. Création de produits très élaborés.

Les deux premières fonctions, du fait des caractéristiques des produits agricoles, ont toujours été un souci des hommes et, du stade artisanal, sont passées au stade industriel avec les I.A.A.

La troisième fonction est surtout liée au développement de la vie urbaine et aux transformations des habitudes de consommation.

LEÇON 7

EXPORTATIONS ET DIFFICULTÉS DE TROUVER DES MARCHÉS

A — Les Asindais n'ont pas de chance. Nous augmentons certains de nos **achats** et pourtant le **budget** que nous leur **consacrons** reste **identique** à celui des **années précédentes**.

B — Comment est-ce possible?

A — Les Asindais sont **victimes de** la mauvaise **tenue des cours mondiaux** d'un grand nombre de produits **minéraux**. Il ne s'agit pas, **à proprement parler,** d'un **effondrement** du **cours mondial**. Mais la **menace** est si sérieuse qu'ils sont obligés de **consentir des rabais** qui **vont jusqu'à 20 %**, sur les prix de ces dernières années.

B — **Si bien que** lorsque nos **commandes** augmentent de 20 %, les Asindais n'en **ressentent** pas **les effets** sur leur **balance commerciale?**

A — C'est ce qui **se produit** pour le **manganèse,** le minerai de **plomb** ou le **minerai** de **zinc.**

B — Mais n'y a-t-il pas des secteurs où ils puissent eux aussi **bénéficier de** l'augmentation générale des prix mondiaux?

A — Non, bien peu. Ce sont les **produits finis** qui **suivent une courbe** de prix **ascendante.** Or, les Asindais, vous le savez, n'ont presque pas d'industries de transformation.

B — Mais vous ne parlez pas de leurs **produits artisanaux.**

A — Sauf dans des **cas exceptionnels** comme celui des **tapis persans,** les produits artisanaux sont d'un **rapport très limité.** Ils sont surtout **destinés** à la **consommation intérieure** et **touristique. La mode** des produits artisanaux asindais a duré deux ans. Il y a **hausse** des prix mais **baisse** des commandes.

B — Il leur reste leur vin qui est *réputé.*

A — Encore un domaine dans lequel ils n'ont pas de chance. Notre production **vinicole** est **excédentaire.** Nous n'importons pratiquement plus de **vin.** Notre seul *poste d'importation* dont le budget soit en augmentation est celui des **cuirs.**

B — Est-ce un secteur *sans concurence?*

A — C'est surtout *la qualité des* cuirs asindais qui est de *tout premier ordre.*

B — L'industrialisation est donc bien une *nécessité vitale* pour eux.

A — Il n'y a aucun doute sur ce point. Leur **déficit** commercial *s'accroîtra tant que* cette **étape** ne sera pas *franchie.*

B — Et *par conséquent* le *pouvoir d'achat* de la *masse* s'en *ressentira.*

$$\boxed{\textbf{CONVERSATION 7}}$$

A — Les Asindais n'ont pas de chance. // Nous augmentons certains de nos *achats/* et pourtant le *budget* que nous leur *consacrons* reste *identique* à celui des *années précédentes. ///*

B — Comment est-ce possible? //

A — Les Asindais sont *victimes de* la mauvaise *tenue des cours mondiaux* d'un grand nombre de produits *minéraux.* // Il ne s'agit pas, *à proprement parler,* d'un *effondrement du cours mondial.* // Mais la *menace* est si sérieuse / qu'ils sont obligés de *consentir des rabais* qui *vont* jusqu'à 20 %, / sur les prix de ces dernières années. ///

B — *Si bien que* lorsque nos *commandes* augmentent de 20 %, / les Asindais n'en ressentent pas *les effets* sur leur *balance commerciale?* //

A — C'est ce qui *se produit* pour le *manganèse,* / le *minerai de plomb* ou / le *minerai de zinc.* //

B — Mais n'y a-t-il pas des secteurs où ils puissent eux aussi *bénéficier de* l'augmentation générale des prix mondiaux? //

A — Non, bien peu. // Ce sont les *produits finis* qui *suivent une courbe* de prix *ascendante.* // Or, les Asindais, vous le savez, n'ont presque pas d'industries de transformation. ///

B — Mais vous ne parlez pas de leurs *produits artisanaux.* ///

A — Sauf dans des *cas exceptionnels* comme celui des *tapis persans,* / les produits artisanaux sont d'un *rapport très limité.* // Ils sont surtout *destinés à la consommation intérieure et touristique.* // *La mode* des produits artisanaux asindais a duré deux ans. // Il y a *hausse* des prix mais *baisse* des commandes. ///

B — Il leur reste leur vin qui est *réputé.* //

A — Encore un domaine dans lequel ils n'ont pas de chance. // Notre production *vinicole* est *excédentaire.* // Nous n'importons pratiquement plus de *vin.* // Notre seul *poste d'importation* dont le budget soit en augmentation est celui des *cuirs.* ///

B — Est-ce un secteur *sans concurrence?* //

A — C'est surtout *la qualité des cuirs* asindais qui est de *tout premier ordre.* ///

B — L'industrialisation est donc bien une *nécessité vitale* pour eux. ///

A — Il n'y a *aucun doute* sur ce point. // Leur *déficit* commercial *s'accroîtra tant que* cette *étape* ne sera pas *franchie.* ///

B — Et *par conséquent* le *pouvoir d'achat* de la *masse* s'en *ressentira.*

EXERCICES D'ACQUISITION 7

A. — *Expressions de même sens* :

◆ Notre firme consent un rabais de 20 % sur tout achat de plus de 10 000 F.
Notre firme pratique une ristourne sur tout achat excédant 10 000 F.
Notre maison consent une remise de 20 % sur tout achat dépassant 10 000 F.

◆ Le budget que nous leur consacrons reste identique à celui des années précédentes.
Le budget que nous leur consacrons est le même que celui des années précédentes.
Le montant de nos achats chez eux est égal à celui des années passées.

◆ Les produits finis suivent une courbe de prix ascendante.
Les prix des produits finis ne cessent d'augmenter.
Les prix des produits finis sont en hausse régulière.
Les prix des produits fabriqués montent régulièrement.

◆ La qualité des cuirs asindais est de tout premier ordre.
Les cuirs asindais sont de toute première qualité.
La qualité des cuirs asindais est remarquable.

B. — *Quelques phrases de sens contraire* :

◆ Leur déficit commercial s'accroîtra tant que cette étape ne sera pas franchie.
Leur déficit commercial cessera lorsque cette étape sera franchie.
Une fois cette étape franchie, leur déficit commercial sera épongé.

◆ Les Asindais sont victimes de la mauvaise tenue des cours mondiaux.
Les Asindais bénéficient de l'excellente tenue des cours mondiaux.
Les Asindais profitent de la fermeté des cours mondiaux.

◆ Ces produits sont destinés à la consommation intérieure.
Ces produits sont destinés à l'exportation.
Ces produits sont réservés aux ventes à l'étranger.

C. — *Une nuance* :

◆ N'y a-t-il pas des secteurs où les Asindais puissent bénéficier de l'augmentation des cours?
N'y a-t-il pas des secteurs où les Asindais peuvent bénéficier de l'augmentation des cours?

EXERCICES STRUCTURAUX 7.1

Exemples :

a) La baisse est sérieuse. Les Asindais doivent consentir des rabais.

→ *Si... Que...*

dites : *La baisse est **si** sérieuse **que** les Asindais doivent consentir des rabais.*

b) Notre vente de textile a régressé. La situation est préoccupante.

→ *Tellement... Que...*

dites : *Notre vente de textile a **tellement** régressé **que** la situation est préoccupante.*

Commencez l'exercice :

1. La baisse est sérieuse. Les Asindais doivent consentir des rabais.
→ *Si... Que...*
2. Notre vente de textile a régressé. La situation est préoccupante.
→ *Tellement... que...*
3. Les cuirs asindais sont remarquables. Nos importations sont en hausse.
→ *Si... Que...*
4. Les produits artisanaux sont d'un rapport limité. Je préfère ne pas en parler.
→ *Si... Que...*
5. Le niveau de vie des Asindais a stagné. Le pouvoir d'achat familial s'est détérioré.

→ *Tellement... Que...*
6. Les investissements nationaux ont diminué. Le gouvernement devra faire appel aux investissements étrangers.
→ *Tellement... Que...*
7. Les pourparlers Asindie-Renault sont près d'aboutir. Nous pouvons en parler.
→ *Si... Que...*
8. Une fuite de capitaux est difficile à évaluer. Je ne peux pas vous répondre.
→ *Si... Que...*
9. Les investissements ont diminué dans le secteur militaire. Ils ont augmenté dans les autres secteurs.
→ *Tellement... Que...*
10. Les pourparlers ont progressé. Les accords vont être signés.
→ *Tellement... Que...*

EXERCICES STRUCTURAUX 7.2

Exemples :

a) Les Asindais produisent du vin.

→ *Du vin...*

dites : *Du vin,* les Asindais en produisent.

b) Les Asindais consentent un rabais.

→ *Un rabais...*

dites : *Un rabais,* les Asindais en consentent un.

Commencez l'exercice :

1. Les Asindais produisent du vin.
→ *Du vin...*

2. Les Asindais consentent un rabais.
→ *Un rabais...*

3. L'afflux des touristes crée une demande de produits alimentaires.
→ *Une demande de produits alimentaires...*

4. Ils importent des capitaux.
→ *Des capitaux...*

5. Les Asindais ont un autre souci.
→ *Un autre souci...*

6. Nous bénéficions de l'augmentation des produits finis.
→ *L'augmentation des produits finis...*

7. Il existe un gonflement de nos exportations.
→ *Un gonflement de nos exportations...*

8. Les Asindais sont victimes de la mauvaise tenue des cours.
→ *La mauvaise tenue des cours...*

9. Le sucre est un poste important de nos importations.
→ *Un poste important de nos importations...*

10. Vous avez de la chance.
→ *De la chance...*

EXERCICES STRUCTURAUX 7.1
CORRIGÉ

1.
→ *La baisse est* **si** *sérieuse* **que** *les Asindais doivent consentir des rabais.*

2.
→ *Notre vente de textile a* **tellement** *régressé* **que** *la situation est préoccupante.*

3.
→ *Les cuirs Asindais sont* **si** *remarquables* **que** *nos importations sont en hausse.*

4.
→ *Les produits artisanaux sont d'un rapport* **si** *limité* **que** *je préfère ne pas en parler.*

5.
→ *Le niveau de vie des Asindais a* **tellement** *stagné* **que** *le pouvoir d'achat familial s'est détérioré.*

6.
→ *Les investissements nationaux ont* **tellement** *diminué* **que** *le gouvernement devra faire appel aux investissements étrangers.*

7.
→ *Les pourparlers Asindie-Renault sont* **si** *près d'aboutir* **que** *nous pouvons en parler.*

8.
→ *Une fuite de capitaux est* **si** *difficile à évaluer* **que** *je ne peux pas vous répondre.*

9.
→ *Les investissements ont* **tellement** *diminué dans le secteur militaire* **qu'**ils ont augmenté dans les autres secteurs.*

10.
→ *Les pourparlers ont* **tellement** *progressé* **que** *les accords vont être signés.*

EXERCICES STRUCTURAUX 7.2
CORRIGÉ

1.

→ **Du vin,** les Asindais en produisent.

2.

→ **Un rabais,** les Asindais en consentent un.

3.

→ **Une demande de produits alimentaires,** l'afflux des touristes en crée une.

4.

→ **Des capitaux,** ils en importent.

5.

→ **Un autre souci,** les Asindais en ont un.

6.

→ **L'augmentation des produits finis,** nous en bénéficions.

7.

→ **Un gonflement de nos exportations,** il en existe un.

8.

→ **La mauvaise tenue des cours,** les Asindais en sont victimes.

9.

→ **Un poste important de nos importations,** le sucre en est un.

10.

→ **De la chance,** vous en avez.

CONSOMMATION
TAUX D'ÉQUIPEMENT DES MÉNAGES

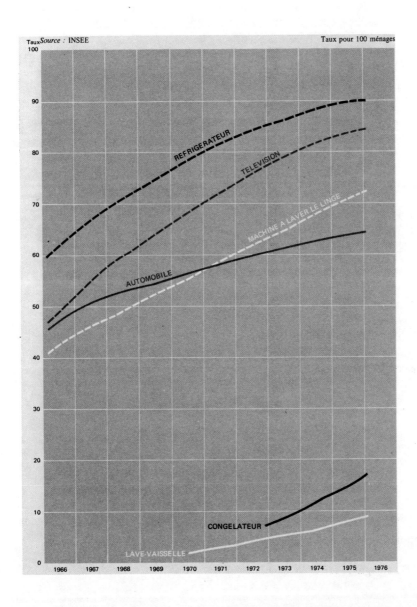

PRODUCTION DE MINERAI
DE FER, DE FONTE ET D'ACIER

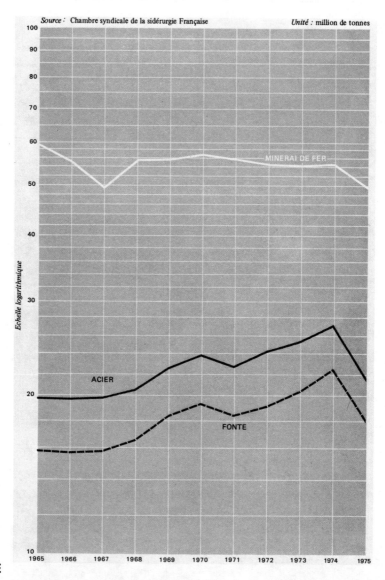

NOTE

FONTE : alliage de fer et de carbone (c).

LEÇON 8

MAIN-D'ŒUVRE, SALAIRES ET SYNDICATS

B — Vous parliez d'une détérioration du pouvoir d'achat familial. Elle doit *s'accompagner de mécontentement* et de *remous sociaux*? La *plate-forme des revendications syndicales* est certainement très large.

A — En Asindie le *régime* est *différent de* celui de la France. Les *associations* syndicales y sont *interdites. En conséquence,* le *droit de grève* n'est pas *reconnu.*

B — Il ne nous reste donc que les *suppositions.* Est-ce que l'on peut *prévoir* quelle serait la *nature* des revendications si les syndicats étaient *autorisés?*

A — Si j'étais ouvrier asindais, je demanderais d'abord un *allègement* des *horaires* de travail qui sont de soixante heures *hebdomadaires.* Ensuite je crois que je *dénoncerais* la trop grande *disparité entre* les *salaires* et le *coût de la vie.* Enfin, je *réclamerais* la *garantie* de la *stabilité* de *l'emploi* qui est loin d'être *assurée.*

B — Je suppose que comme dans tout pays relativement pauvre, il y a *poussée démographique,* donc main-d'œuvre trop *abondante* et *chômage?*

A — Exactement. C'est ce qui permet aux *employeurs* et à *l'État* de *maintenir salaires* et *traitements* à un niveau très bas. Il n'existe rien qui ressemble à notre *S.M.I.C.* ([1]). La *demande* d'emploi *dépasse* largement *l'offre,* et, par conséquent, ceux qui *occupent un poste* ou un *emploi* doivent *se considérer comme privilégiés.*

(1) S.M.I.C. : Salaire Minimum Interprofessionnel de Croissance (voir S.M.I.G.).

B — Oui, je comprends. Le développement industriel étant faible, *le choix* pour un Asindais est souvent *limité à* l'armée ou à l'agriculture.

A — Il est beaucoup plus limité que vous le pensez. Le *service militaire* est *obligatoire* en Asindie; ce qui *intéresse* l'armée asindaise ce sont des « cadres ». Cela demande une certaine *instruction de base* que beaucoup d'Asindais ne *possèdent* pas. Ce *manque* d'instruction leur interdit aussi d'*accéder à* l'*Administration* et à la *Fonction Publique*. *Quant à* l'Agriculture elle ne peut *absorber* qu'un *pourcentage* limité des *sans-emploi.* Je vous ai dit qu'il existait un plan, *inapplicable* actuellement, de remembrement. Cela signifie que *les exploitations* agricoles sont extrêmement *morcelées* et qu'elles ne peuvent pas offrir de *plein emploi* à une *population* nombreuse. Elles ne *font appel* qu'à de la main-d'œuvre *saisonnière.*

B — C'est une situation qui ne peut pas *durer. J'ai l'impression que* si le gouvernement asindais ne veut pas *être contraint à* la *capitulation* sous la *pression* des *événements,* il devra rapidement *accéder à* certaines revendications de sa province du Nord et lui faire quelques *concessions.*

CONVERSATION 8

B — Vous parliez d'une détérioration du pouvoir d'achat familial. // Elle doit s'accompagner de *mécontentement* et de *remous sociaux?* // La *plate-forme* des *revendications syndicales* est certainement très large. ///

A — En Asindie le *régime* est *différent* de celui de la France. / Les *associations* syndicales y sont *interdites.* // *En conséquence,* le *droit de grève* n'est pas *reconnu.* ///

B — Il ne nous reste donc que les *suppositions*. // Est-ce que l'on peut *prévoir* quelle serait la *nature* des revendications si les syndicats étaient *autorisés?* //

A — Si j'étais ouvrier asindais, / je demanderais d'abord un *allègement* des *horaires* de travail qui sont de soixante heures *hebdomadaires*. // Ensuite je crois que je *dénoncerais* la trop grande *disparité* entre les *salaires* et le *coût de la vie*. //Enfin, je *réclamerais* la *garantie* de la *stabilité de l'emploi* qui est loin d'être *assurée*. //

B — Je suppose que comme dans tout pays relativement pauvre, / il y a *poussée démographique*, donc main-d'œuvre trop *abondante* et *chômage?* //

A — Exactement. // C'est ce qui permet aux *employeurs* et à *l'État* de *maintenir salaires* et *traitements* à un niveau très bas. // Il n'existe rien qui ressemble à notre *S.M.I.G.* // La *demande* d'emploi *dépasse* largement *l'offre*, / et, par consé- quent, ceux qui *occupent un poste* ou un *emploi* doivent se *considérer comme pri- vilégiés*. ///

B — Oui, je comprends. // Le développement industriel étant faible / *le choix* pour un Asindais est souvent *limité* à l'armée ou à l'agriculture. ///

A — Il est beaucoup plus limité que vous le pensez. // Le *service militaire* est *obliga- toire* en Asindie; / ce qui *intéresse* l'armée asindaise ce sont des *cadres*. // Cela demande une certaine *instruction de base* que beaucoup d'Asindais ne *possèdent* pas. // Ce *manque* d'instruction leur interdit aussi *d'accéder* à *l'Administration* et à la *Fonction Publique*. // *Quant* à *l'Agriculture* elle ne peut *absorber* qu'un *pourcentage* limité des *sans emploi*. // Je vous ai dit qu'il existait un plan, *inappli- cable* actuellement, de remembrement. // Cela signifie que *les exploitations* agricoles sont extrêmement *morcelées* / et qu'elles ne peuvent pas offrir de *plein emploi* à une *population* nombreuse. // Elles ne *font appel* qu'à de la main- d'œuvre *saisonnière*. ///

B — C'est une situation qui ne peut pas *durer*. // *J'ai l'impression* / que si le gouverne- ment asindais ne veut pas *être contraint* à la *capitulation* sous la pression des événements, / il devra rapidement accéder à certaines revendications de sa province du Nord / et lui faire quelques *concessions*.

EXERCICES D'ACQUISITION 8

A. — *Quelques phrases de même sens :*

◆ Ils dénoncent la trop grande disparité entre les salaires et le coût de la vie.
Ils dénoncent la trop grande disproportion entre les gains et le coût de la vie.
Ils attirent l'attention sur le trop grand écart entre les salaires et le coût de la vie.
Ils protestent contre la trop grande différence entre les salaires et le coût de la vie.

◆ Le manque d'instruction leur interdit d'accéder à l'Administration.
Leur instruction insuffisante leur barre l'accès à l'Administration.
Leur manque d'instruction les empêche d'accéder à la Fonction publique.

◆ Le gouvernement asindais devra accéder à certaines demandes de sa province du Nord.
Le gouvernement asindais devra satisfaire certaines revendications de sa province du Nord.

B. — *Quelques phrases de sens contraire :*

◆ L'abondance de main-d'œuvre permet aux employeurs de maintenir les salaires.
La pénurie de main-d'œuvre oblige les employeurs à garantir des salaires très élevés.
Le manque de main-d'œuvre contraint les employeurs à assurer des rémunérations élevées.

◆ Le développement industriel étant faible les ouvriers asindais ont un choix d'emplois limité.
L'énorme développement industriel offre aux ouvriers asindais un choix d'emplois illimité.
Le plein développement industriel ouvre aux ouvriers asindais un large éventail d'emplois.
Le haut développement industriel offre de larges possibilités d'emploi aux ouvriers asindais.

◆ L'agriculture ne peut absorber qu'un pourcentage limité des sans-emploi.
L'agriculture absorbe l'ensemble des sans-emploi.
L'agriculture éponge intégralement la main-d'œuvre inemployée.

C. — *Quelques nuances :*

◆ Ils ont dénoncé la disparité entre les salaires et le coût de la vie.
Ils ont dénoncé tous leurs accords.

◆ Leur manque d'instruction leur interdit d'accéder à l'administration.
Le gouvernement devra accéder à certaines revendications.

EXERCICES STRUCTURAUX 8.1

Exemples :

a) Chez nous la loi garantit l'emploi.

→ *La loi...*

dites : *La loi y garantit l'emploi.*

b) Les associations syndicales ne sont pas reconnues en Asindie.

→ *Les associations...*

dites : *Les associations syndicales n'y sont pas reconnues.*

Commencez l'exercice :

1. Chez nous, la loi garantit l'emploi.

→ *La loi...*

2. Les associations syndicales ne sont pas reconnues en Asindie.

→ *Les associations...*

3. En Chine, l'agriculture absorbe une part importante du potentiel humain.

→ *L'agriculture...*

4. Dans l'armée asindaise on ne manque pas de cadres.

→ *On...*

5. Nous avons des capitaux aux U.S.A.

→ *Nous...*

6. Le niveau de vie stagne souvent dans les pays sous-développés.

→ *Le niveau de vie...*

7. La concurrence ne joue pas dans le domaine de la librairie.

→ *La concurrence...*

8. Les pourparlers n'ont pas progressé chez Renault.

→ *Les pourparlers...*

9. Un accord sera signé à Paris.

→ *Un accord...*

10. Nous avons trouvé des débouchés nouveaux en U.R.S.S.

→ *Nous...*

EXERCICES STRUCTURAUX 8.2

Exemples :

a) Je suis ouvrier asindais ; je demande un allègement des horaires.
→ *Si j'étais...*
dites : *Si j'étais* ouvrier asindais je demanderais un allègement des horaires.
b) Il occupe un emploi. Il doit se considérer comme privilégié.
→ *S'il occupait...*
dites : *S'il occupait.* un emploi il devrait se considérer comme privilégié.

Commencez l'exercice :

1. Je suis ouvrier asindais. Je demande un allègement des horaires.
→ *Si j'étais...*

2. Il occupe un emploi. Il doit se considérer comme privilégié.
→ *S'il occupait...*

3. Les cours baissent. Nous en sommes victimes.
→ *Si les cours baissaient...*

4. La demande d'emploi dépasse l'offre. Il y a du chômage.
→ *Si la demande d'emploi...*

5. Le pouvoir d'achat familial se détériore. Le mécontentement grandit.
→ *Si le pouvoir d'achat...*

6. Le prix des produits finis augmente. Nous en bénéficions.
→ *Si le prix des produits finis...*

7. La baisse est sérieuse. Ils doivent consentir des rabais.
→ *Si la baisse...*

8. Le gouvernement asindais rétablit la paix. Il peut reconvertir son industrie militaire.
→ *Si le gouvernement asindais...*

9. Vous mettez en application votre plan d'irrigation. Votre agriculture se développe.
→ *Si vous mettiez...*

10. Ils disposent d'une réserve suffisante de chercheurs. Leur industrie progresse vite.
→ *S'ils disposaient...*

```
┌─────────────────────────────────────┐
│   EXERCICES STRUCTURAUX 8.1          │
│            CORRIGÉ                    │
└─────────────────────────────────────┘
```

1.
→ *La loi* y garantit l'emploi.

2.
→ *Les associations* syndicales n'y sont pas reconnues.

3.
→ *L'agriculture* y absorbe une part importante du potentiel humain.

4.
→ *On* n'y manque pas de cadres.

5.
→ *Nous* y avons des capitaux.

6.
→ *Le niveau de vie* y stagne souvent.

7.
→ *La concurrence* n'y joue pas.

8.
→ *Les pourparlers* n'y ont pas progressé.

9.
→ *Un accord* y sera signé.

10.
→ *Nous* y avons trouvé des débouchés nouveaux.

EXERCICES STRUCTURAUX 8.2
CORRIGÉ

1.

→ **Si j'étais** ouvrier asindais je demanderais un allègement des horaires.

2.

→ **S'il occupait** un emploi il devrait se considérer comme privilégié.

3.

→ **Si les cours baissaient** nous en serions victimes.

4.

→ **Si la demandè d'emploi** dépassait l'offre il y aurait du chômage.

5.

→ **Si le pouvoir d'achat familial** se détériorait le mécontentement grandirait.

6.

→ **Si le prix des produits finis** augmentait nous en bénéficierions.

7.

→ **Si la baisse** était sérieuse ils devraient consentir des rabais.

8.

→ **Si le gouvernement asindais** rétablissait la paix il pourrait reconvertir son industrie militaire.

9.

→ **Si vous mettiez** en application votre plan d'irrigation votre agriculture se développerait.

10.

→ **S'ils disposaient** d'une réserve suffisante de chercheurs leur industrie progresserait vite.

LEÇON 9

IMPÔTS. BANQUES ET CRÉDIT

A — Vous **aviez raison** d'insister sur l'**urgence** de **négociations** entre le gouvernement asindais et sa province du Nord, car les dépenses militaires entraînent un **système de taxation** écrasant qui **accroît** le mécontentement.

B — Un système d'**imposition** qui **défavorise** les moins riches, je suppose?

A — Oui. Et ce qui est plus grave, une **fiscalité** qui **décourage** l'**initiative**, en particulier **au niveau des** petits agriculteurs.

B — Les agriculteurs sont donc deux fois victimes. Les **impôts** et les **taxes** les **frappent** directement et sévèrement, et **la part du produit** de l'impôt qui devrait être **affectée à** la modernisation de l'agriculture est **détournée**.

A — Si l'on ajoute à cela **l'insuffisance du contrôle** du secteur **commercial**, on **constate que** les paysans asindais sont **mis dans** l'impossibilité de **faire preuve** d'initiative personnelle.

B — Je suppose que vous voulez dire que les **bénéfices** trop élevés **réalisés** par les **maisons de commerce** lors de la vente de **matériel agricole paralysent** cette initiative. Mais **par le biais** du **crédit**, les **banques** doivent pouvoir **l'encourager**?

A — Vous savez, les banques et les **sociétés de crédit** ne sont pas des **organismes philanthropiques**. Elles **contribuent au** progrès du pays **dans la mesure où** celui-ci est **sûr**. Une société de crédit ne **prend** jamais **de risques**. Une banque peut **aller jusqu'à** prendre des **risques calculés**. Mais elle demande quand même que le futur **débiteur** offre **un minimum de garanties**. Or la **situation** des agriculteurs asindais est actuellement tellement **précaire** que bien peu représentent ce que l'on appelle un « **bon risque** ».

B — Il existe encore une possibilité. Si l'État n'est pas **en mesure de** lancer **sa campagne de** modernisation agricole, il pourrait pourtant **accorder des prêts** à **intérêts modérés.** Les sommes investies seraient moins importantes dans l'immédiat, elles seraient **remboursables** et le **loyer** de l'argent **prêté ferait office de surimpôt.**

A — Voilà qui est **ingénieux** mais **irréalisable.** D'une part **rien ne prouve que** le gouvernement asindais soit en mesure de **distraire de** son budget les sommes qui serviraient aux prêts dont vous parlez. D'autre part les projets du gouvernement asindais sont **retardés** mais **ambitieux.** Certes, la modernisation **privée serait actuellement bienvenue.** Mais elle resterait limitée **à cause du morcellement** des terres. Le gouvernement asindais a raison de ne pas **miser sur** un simple **replâtrage.** Il veut une véritable **rénovation** de l'agriculture. En fait, une véritable **révolution.**

B — Vous avez raison vous aussi. Je suis une bien **piètre** économiste.

CONVERSATION 9

A — Vous *aviez raison* d'insister sur l'*urgence* de *négociations* entre le gouvernement asindais et sa province du Nord, / car les dépenses militaires entraînent un *système de taxation* écrasant qui *accroît* le mécontentement. ///

B — Un système d'*imposition* qui *défavorise* les moins riches, je suppose? //

A — Oui. // Et ce qui est plus grave, une *fiscalité* qui *décourage* l'*initiative*, / en particulier *au niveau des* petits agriculteurs. ///

B — Les agriculteurs sont donc deux fois victimes. // Les *impôts* et les *taxes* les *frappent* directement et sévèrement, / et la *part du produit* de l'impôt qui devrait être *affectée* à la modernisation de l'agriculture est *détournée*. ///

A — Si l'on ajoute à cela l'*insuffisance du contrôle* du secteur *commercial*, / on *constate que* les paysans asindais sont *mis dans* l'impossibilité de *faire preuve* d'initiative personnelle. ///

B — Je suppose que vous voulez dire / que les *bénéfices* trop élevés *réalisés* par les *maisons de commerce* lors de la vente de *matériel agricole* / *paralysent* cette initiative. // Mais *par le biais du crédit*, / les *banques* doivent pouvoir l'*encourager?* //

A — Vous savez, / les banques et les *sociétés de crédit* ne sont pas des *organismes philanthropiques*. // Elles *contribuent au* progrès du pays *dans la mesure où* celui-ci est *sûr*. // Une société de crédit ne *prend* jamais *de risques*. // Une banque peut *aller jusqu'à* prendre des *risques calculés*. // Mais elle demande quand même que le futur *débiteur* offre *un minimum de garanties*. // Or la *situation* des agriculteurs asindais est actuellement tellement *précaire* / que bien peu représentent ce que l'on appelle un « *bon risque* ». ///

B — Il existe encore une possibilité. // Si l'État n'est pas *en mesure de* lancer *sa campagne de* modernisation agricole, / il pourrait pourtant *accorder des prêts à intérêts modérés*. // Les sommes investies seraient moins importantes dans l'immédiat, / elles seraient *remboursables* / et le *loyer de l'argent prêté ferait office de surimpôt*. ///

A — Voilà qui est *ingénieux* mais *irréalisable*. // D'une part / *rien ne prouve que* le gouvernement asindais soit en mesure de *distraire de* son budget / les sommes qui serviraient aux prêts dont vous parlez. // D'autre part / les projets du gouvernement asindais sont *retardés* mais *ambitieux*. // Certes, la modernisation *privée serait actuellement bienvenue*. // Mais elle resterait limitée *à cause du morcellement* des terres. // Le gouvernement asindais a raison de ne pas *miser sur* un simple *replâtrage*. / Il veut une véritable *rénovation* de l'agriculture. // En fait, une véritable *révolution*. ///

B — Vous avez raison vous aussi. // Je suis une bien *piètre* économiste.

EXERCICES D'ACQUISITION 9

A. — *Quelques phrases de même sens :*

◆ Les banques encouragent l'initiative par le biais du crédit.
Les banques favorisent l'initiative par le moyen du crédit.
Les banques stimulent l'initiative par le crédit.

◆ Le gouvernement asindais n'est pas en mesure de distraire les sommes qui serviraient aux prêts.
Le gouvernement est dans l'impossibilité de prélever les sommes destinées aux prêts.
Le gouvernement n'est pas en mesure d'affecter l'argent nécessaire aux prêts.

◆ Il a raison de ne pas miser sur un simple replâtrage.
Il a raison de ne pas compter sur des solutions de fortune.

◆ Ces nouveaux impôts frappent plus particulièrement les agriculteurs.
Ces nouveaux impôts touchent plus spécialement les agriculteurs.

B. — *Quelques phrases de sens contraire :*

◆ Ce système de taxation accroît le mécontentement.
Ce système de taxation désarme le mécontentement.
Ce système de taxation désamorce le mécontentement.

◆ Une fiscalité écrasante freine la modernisation.
Une fiscalité allégée favorise la modernisation.

◆ Leur situation est tellement précaire que bien peu représentent un « bon risque ».
Leur situation est tellement stable que presque tous représentent un « bon risque ».

◆ Les agriculteurs étaient les victimes de l'ancien système fiscal.
Les agriculteurs seront les bénéficiaires du futur système fiscal.

C. — *Quelques nuances de sens :*

◆ Je veux connaître le montant des sommes remboursables.
Je veux connaître le montant des sommes remboursées.

◆ C'est une taxation allégée.
C'est une taxation légère.

EXERCICES STRUCTURAUX 9.1

Exemples :

a) Les banques contribuent au progrès du pays.
→ *Les banques...*
dites : *Les banques* y *contribuent.*
b) Vous ne participez pas à la gestion des affaires.
→ *Vous...*
dites : *Vous* n'y *participez pas.*

Commencez l'exercice :

1. Les banques contribuent au progrès du pays.
→ *Les banques...*

2. Vous ne participez pas à la gestion des affaires.
→ *Vous...*

3. Nous assistons à une détérioration du pouvoir d'achat familial.
→ *Nous...*

4. Ils font appel à de la main-d'œuvre saisonnière.
→ *Ils...*

5. Vous ne devez pas accéder à ces revendications.
→ *Vous...*

6. Les asindais ne peuvent pas faire face à certaines dépenses indispensables.
→ *Les asindais...*

7. Le gouvernement devra mettre fin au fléchissement de la production.
→ *Le gouvernement...*

8. Ils ne procèdent pas à la relance de l'agriculture.
→ *Ils...*

9. Ils pensent à reconvertir l'industrie militaire.
→ *Ils...*

10. Vous faites allusion à une crise de confiance.
→ *Vous...*

EXERCICES STRUCTURAUX 9.2

Exemples :

a) En Asindie les maisons de commerce réalisent des bénéfices trop élevés.
→ *En Asindie...*
dites : *En Asindie des bénéfices trop élevés sont réalisés par les maisons de commerce.*
b) Les paysans ne comprendront pas le retard apporté à la rénovation.
→ *Le retard...*
dites : *Le retard apporté à la rénovation ne sera pas compris par les paysans.*

Commencez l'exercice :

1. En Asindie les maisons de commerce réalisent des bénéfices trop élevés.
→ *En Asindie...*

2. Les paysans ne comprendront pas le retard apporté à la rénovation.
→ *Le retard...*

3. Le système d'imposition actuel défavorise les moins riches.
→ *Les moins riches...*

4. Ces nouvelles taxes frappent plus particulièrement les agriculteurs.
→ *Les agriculteurs...*

5. En 1933 la récession a touché tous les secteurs vitaux.
→ *En 1933...*

6. En Asindie, l'armée elle-même reconvertira les industries militaires.
→ *En Asindie...*

7. Les investisseurs privés ne suivent pas l'exemple du gouvernement.
→ *L'exemple...*

8. Les banquiers ont freiné la modernisation.
→ *La modernisation...*

9. Le gouvernement n'a prévu aucun plan d'irrigation.
→ *Aucun plan...*

10. Une fiscalité allégée ne découragera pas l'initiative privée.
→ *L'initiative...*

EXERCICES STRUCTURAUX 9.1
CORRIGÉ

1.
→ **Les banques** y contribuent.
2.
→ **Vous** n'y participez pas.
3.
→ **Nous** y assistons.
4.
→ **Ils** y font appel.
5.
→ **Vous** ne devez pas y accéder.
6.
→ **Les Asindais** ne peuvent pas y faire face.
7.
→ **Le gouvernement** devra y mettre fin.
8.
→ **Ils** n'y procèdent pas.
9.
→ **Ils** y pensent.
10.
→ **Vous** y faites allusion.

EXERCICES STRUCTURAUX 9.2
CORRIGÉ

1.

→ **En Asindie,** des bénéfices trop élevés sont réalisés par les maisons de commerce.

2.

→ **Le retard** apporté à la rénovation ne sera pas bien compris par les paysans.

3.

→ **Les moins riches** sont défavorisés par le système d'imposition actuel.

4.

→ **Les agriculteurs** sont plus particulièrement frappés par ces nouvelles taxes.

5.

→ **En 1933** tous les secteurs vitaux ont été touchés par la récession.

6.

→ **En Asindie** les industries militaires seront reconverties par l'armée elle-même.

7.

→ **L'exemple** du gouvernement n'est pas suivi par les investisseurs privés.

8.

→ **La modernisation** a été freinée par les banquiers.

9.

→ **Aucun plan** d'irrigation n'a été prévu par le gouvernement.

10.

→ **L'initiative** privée ne sera pas découragée par une fiscalité allégée.

LEÇON 10

NÉGOCIATIONS. PLANIFICATION ET TRANSPORTS

B — La **réglementation** des **mouvements de capitaux** étant extrêmement stricte, la modernisation de l'agriculture présentant peu
d'intérêt à l'heure actuelle, quelles sont les **possibilités actives**
des banques en dehors des **ouvertures offertes par** l'industrie
militaire?

A — Eh bien, justement elles sont **restreintes.** Depuis quelques années
les banquiers asindais sont **dans l'expectative.** Les **mesures** d'économie de l'État s'accompagnent évidemment d'un sévère **encadrement du crédit,** au moins en ce qui concerne le crédit **à court
terme** et celui **à long terme.** Cela ne favorise guère l'activité. Le
secteur **banque d'affaires** reste assez **figé** alors que le secteur
dépôt se maintient à un niveau correct.

B — Oui, par le **resserrement du crédit** le gouvernement veut **pousser
à l'épargne** qui facilite sa politique d'équilibre budgétaire. Mais je
suppose que les **banquiers** ne restent pas **inactifs..** Ils doivent
exploiter toutes les possibilités qui s'offrent, **saisir** toutes **les
chances** de sortir de cette **sorte d'impasse.**

A — Vous devinez juste. Des **tractations discrètes** avec le gouvernement
semblent devoir **ouvrir de** nouvelles **perspectives.** Le gouvernement **prévoit** la construction de barrages qui augmenteraient en
même temps la production d'**énergie électrique** et la production
agricole. Les **planificateurs** asindais **calculent que** le **volume du
trafic ferroviaire** devra **être accru proportionnellement à** l'augmentation du volume des produits agricoles à transporter.

B — **Pour autant que** je m'en souvienne les chemins de fer asindais
sont une entreprise nationalisée; mais **le réseau** est **squelettique,**
mal **adapté aux** besoins et **déficitaire.** Si bien que pour **le renforcer**
et l'**électrifier** le gouvernement **solliciterait** la **participation
financière** des banques d'affaires?

A — Oui. Et *à vrai dire* les banquiers ne feraient pas *la sourde oreille* aux propositions et ne seraient pas *hostiles à donner leur appui.* Le gouvernement leur propose *un intéressement,* non pas aux *profits,* mais au *produit* du *frêt* transporté.

B — C'est-à-dire que les banques *toucheraient* automatiquement *un pourcentage* sur les sommes payées pour le transport des marchandises et non pas sur les bénéfices éventuels du transport?

A — C'est exactement cela. Les banquiers ne *tiennent* pas *à* être victimes du *déficit* que pourrait entraîner la mauvaise gestion d'un *service nationalisé.* Ils laissent donc le déficit possible *à la charge de* l'État. Ce dont ils sont sûrs c'est qu'il y aura plus de marchandises transportées, donc *recette* plus importante.

B — C'est *une affaire en or!* Ce sont des *intérêts* dont la valeur augmentera avec le temps et qui seront *indexés,* puisque le *tarif* des transports augmente *proportionnellement au* coût de la vie.

CONVERSATION 10

B — La *réglementation* des *mouvements de capitaux* étant extrêmement stricte, / la modernisation de l'agriculture présentant peu d'intérêt à l'heure actuelle, / quelles sont les *possibilités actives* des banques en dehors des *ouvertures offertes par* l'industrie militaire? //

A — Eh bien, justement elles sont *restreintes.* // Depuis quelques années les banquiers asindais sont *dans l'expectative.* // Les *mesures* d'économie de l'État s'accompagnent évidemment d'un sévère *encadrement du crédit,* / au moins en ce qui concerne le crédit *à court terme* / et celui *à long terme.* // Cela ne favorise guère l'activité. // Le secteur *banque d'affaires* reste assez *figé* / alors que le secteur *dépôt se maintient à un niveau* correct. ///

B — Oui, par le *resserrement du crédit* / le gouvernement veut *pousser à l'épargne* qui facilite sa politique d'équilibre budgétaire. // Mais je suppose que les *banquiers* ne restent pas *inactifs.* // Ils doivent *exploiter* toutes les possibilités qui s'offrent, / *saisir toutes les chances* de sortir de cette *sorte d'impasse.* ///

A — Vous devinez juste. // Des *tractations discrètes* avec le gouvernement semblent devoir *ouvrir* de nouvelles *perspectives.* // Le gouvernement *prévoit* la construction de barrages / qui augmenteraient en même temps la production *d'énergie électrique* et la production agricole. // Les *planificateurs* asindais *calculent que* le *volume du trafic ferroviaire* devra être *accru* / *proportionnellement* à l'augmentation du volume des produits agricoles à transporter. ///

B — *Pour autant que* je m'en souvienne / les chemins de fer asindais sont une entreprise nationalisée; / mais le réseau est *squelettique,* / mal *adapté aux* besoins /et *déficitaire.* // Si bien que pour *le renforcer* et *l'électrifier* / le gouvernement *solliciterait* la *participation financière* des banques d'affaires? //

A — Oui. / Et *à vrai dire* les banquiers ne *feraient pas la sourde oreille* aux propositions / et ne seraient pas *hostiles à donner leur appui.* / Le gouvernement leur propose *un intéressement,* / non pas aux *profits,* / mais au *produit du frêt* transporté. ///

B — C'est-à-dire que les banques *toucheraient* automatiquement *un pourcentage* / sur les sommes payées pour le transport des marchandises / et non pas sur les bénéfices éventuels du transport? //

A — C'est exactement cela. / Les banquiers ne *tiennent* pas *à* être victimes du *déficit* que pourrait entraîner la mauvaise gestion d'un *service nationalisé.* // Ils laissent donc le déficit possible *à la charge de l'État.* // Ce dont ils sont sûrs, c'est qu'il y aura plus de marchandises transportées, donc *recette* plus importante. ///

B — C'est *une affaire en or!* // Ce sont des *intérêts* dont la valeur augmentera avec le temps / et qui seront *indexés,* puisque le *tarif* des transports augmente *proportionnellement au* coût de la vie.

EXERCICES D'ACQUISITION 10

A. — Quelques phrases de même sens :

◆ Les banques ne sont pas hostiles à donner leur appui.
Les banques sont disposées à donner leur appui.
Les banques sont prêtes à accorder leur aide.

◆ Le reserrement du crédit facilite sa politique d'équilibre budgétaire.
La limitation du crédit aide sa politique d'équilibre du budget.
Le reserrement du crédit aide sa politique de stabilité budgétaire.

◆ Les banquiers ne font pas la sourde oreille aux propositions du gouvernement.
Les banquiers se montrent intéressés par les propositions du gouvernement.
Les banques ne refusent pas de prendre en considération les propositions du gouvernement.

◆ Des tractations discrètes se sont engagées.
Des pourparlers ont commencé en sous-main.

B. — Quelques phrases de sens contraire :

◆ La modernisation de l'agriculture offre des possibilités restreintes aux banques.
La modernisation agricole offre de larges possibilités aux banques.
La modernisation de l'agriculture ouvre de vastes perspectives aux banques.

◆ L'encadrement du crédit ne favorise pas l'activité.
L'encadrement du crédit favorise l'activité.
    —   —   — réduit l'immobilisme.
    —   —   — réduit la stagnation.

◆ Les banques laissent le déficit à la charge de l'État.
Les banques prennent le déficit à leur charge.

C. — Une nuance :

◆ Le gouvernement solliciterait l'appui des banques.
Le gouvernement sollicitera l'appui des banques.

EXERCICES STRUCTURAUX 10.1

Exemples :

a) La réglementation est stricte, donc les possibilités d'activité sont restreintes.

→ *La réglementation...*

dites : *La réglementation* étant stricte, *les possibilités d'activité sont restreintes.*

b) Le chemin de fer asindais a un réseau insuffisant, donc le gouvernement va le renforcer.

→ *Le chemin de fer...*

dites : *Le chemin de fer* asindais ayant un réseau insuffisant, *le gouvernement va le renforcer.*

Commencez l'exercice :

1. La réglementation est stricte, donc les possibilités d'activité sont restreintes.
→ *La réglementation...*
2. Le chemin de fer asindais a un réseau insuffisant, donc le gouvernement va le renforcer.
→ *Le chemin de fer...*
3. L'encadrement du crédit ne favorise pas l'activité, donc le secteur banque d'affaires reste figé.
→ *L'encadrement...*
4. Les Asindais transforment eux-mêmes les matières premières, donc ils importent moins de produits finis.
→ *Les Asindais...*
5. L'Asindie est un pays d'expression française, donc nous ne devrions pas avoir de concurrents dans le secteur librairie.
→ *L'Asindie...*
6. Beaucoup d'Asindais manquent d'instruction de base, donc ils ne peuvent pas accéder à l'Administration.
→ *Beaucoup d'Asindais...*
7. Les cours mondiaux s'effondrent, donc nous devons consentir des rabais.
→ *Les cours...*
8. La mode des produits artisanaux dure peu à l'étranger, donc ils sont d'un rapport très limité.
→ *La mode...*
9. Les Français produisent trop de vin, donc ils n'en importent plus.
→ *Les Français...*
10. Les minerais baissent, donc les Asindais sont défavorisés.
→ *Les minerais...*

EXERCICES STRUCTURAUX 10.2

Commencez l'exercice :

1. Il y aura plus de marchandises transportées, donc la recette sera plus importante.
→ *Plus...*

2. Vous recevez moins de commandes, donc vous produisez moins.
→ *Moins...*

3. Vos propositions offrent plus d'intérêt, donc je suis plus disposée à les accepter.
→ *Plus...*

4. Les banques ont moins de liberté, donc elles sont moins actives.
→ *Moins...*

5. Les Français consomment plus de manganèse, donc ils en commandent plus à l'Asindie.
→ *Plus...*

6. L'agriculture est moins intéressante, donc les banques sont moins attirées.
→ *Moins...*

7. La concurrence américaine deviendra plus sérieuse, donc les Français devront faire plus d'efforts.
→ *Plus...*

8. Les investisseurs asindais sont plus attirés par les investissements à l'étranger, donc le gouvernement devient plus strict.
→ *Plus...*

9. L'industrie aura moins de cadres, donc sa situation sera moins facile.
→ *Moins...*

10. Il y a plus d'industries secondaires, donc la reconversion est plus facile.
→ *Plus...*

EXERCICES STRUCTURAUX 10.1
CORRIGÉ

1.
→ *La réglementation étant stricte, les possibilités d'activité sont restreintes.*
2.
→ *Le chemin de fer asindais ayant un réseau insuffisant, le gouvernement va le renforcer.*
3.
→ *L'encadrement du crédit ne favorisant pas l'activité, le secteur banque d'affaires reste assez figé.*
4.
→ *Les Asindais transformant eux-mêmes les matières premières, ils importent moins de produits finis.*
5.
→ *L'Asindie étant un pays d'expression française, nous ne devrions pas avoir de concurrents dans le secteur librairie.*
6.
→ *Beaucoup d'Asindais manquant d'instruction de base, ils ne peuvent pas accéder à l'administration.*
7.
→ *Les cours mondiaux s'effondrant, nous devons consentir des rabais.*
8.
→ *La mode des produits artisanaux durant peu à l'étranger, ils sont d'un rapport très limité.*
9.
→ *Les Français produisant trop de vin, ils n'en importent plus.*
10.
→ *Les minerais baissant, les Asindais sont défavorisés.*

EXERCICES STRUCTURAUX 10.2
CORRIGÉ

1.
→ **Plus** il y aura de marchandises transportées, plus la recette sera importante.

2.
→ **Moins** vous recevez de commandes, moins vous produisez.

3.
→ **Plus** vos propositions offrent d'intérêt, plus je suis disposé à les accepter.

4.
→ **Moins** les banques ont de liberté, moins elles sont actives.

5.
→ **Plus** les Français consomment de manganèse, plus ils en commandent à l'Asindie.

6.
→ **Moins** l'agriculture est intéressante, moins les banques sont attirées.

7.
→ **Plus** la concurrence américaine deviendra sérieuse, plus les Français devront faire d'efforts.

8.
→ **Plus** les investisseurs asindais sont attirés par les investissements à l'étranger, plus le gouvernement devient strict.

9.
→ **Moins** l'industrie aura de cadres, moins sa situation sera facile.

10.
→ **Plus** il y a d'industries secondaires, plus la reconversion est facile.

LEÇON 11

ROUTE, RAIL, PORTS, ÉLECTRICITÉ ET PÉTROLE

B — Puisque le gouvernement asindais essaie de développer ses chemins de fer en faisant appel à des organismes privés, pourquoi ne **tente-t**-il pas *la même opération* pour son *réseau routier?*

A — En ce qui concerne les chemins de fer il peut s'appuyer sur **un ensemble** déjà **existant** et tout particulièrement sur une *administration* déjà en place. D'ailleurs c'est une administration d'État ce qui *simplifie* considérablement sa *tâche.*

B — Vous pensez donc que les *entreprises de transport* routier asindaises ne sont pas suffisamment *puissantes?*

A — Elles ont deux *défauts.* Elles sont privées et l'État *n'a aucun droit de regard* dans leur gestion. *En outre* leur peu d'*envergure* ne permet pas d'envisager qu'elles puissent *assurer* des transports *à l'échelon national.*

B — Même si l'on pense à *la fusion* de plusieurs entreprises?

A — Il faudrait d'abord qu'elles *veuillent bien fusionner.* Il faudrait qu'elles soient nombreuses à le faire pour créer un *véritable complexe* du transport. Et cela ne semble pas *viable.*

B — Et j'oubliais l'électricité, dont le *prix de revient* permettra des *transports par rail à bon marché* alors qu'il faut importer le *pétrole brut* ou *l'essence.*

A — Moi, je ne l'oubliais pas. Car non seulement l'importation de pétrole serait une source de *perte de devises* étrangères, mais c'est encore à des *sociétés étrangères* qu'il faudrait confier *le raffinage,* ce qui augmenterait *la complexité* du problème. L'Asindie ne pourra évidemment pas *se passer* longtemps *de* raffineries de pétrole mais *le but* du gouvernement est de *parer au plus pressé* dans les meilleures conditions possibles.

B — Ce qu'il veut, c'est transporter les produits agricoles **à bas prix dans les meilleurs délais** vers les usines de transformation ou les **ports** d'exportation.

A — Disons vers Asinville. C'est un port d'une **capacité** très suffisante dont les **installations** sont **modernes.** De plus, grâce à un système de **primes** et **d'éxonération d'impôts,** le gouvernement y a **attiré** les quelques usines alimentaires. **Zone industrielle** et port forment **un ensemble** très **cohérent.**

B — C'est donc le train qui y **amènera** les **matières premières.** Les entreprises de transport routier suffiront au transport **à l'échelon local** des zones agricoles vers les **gares** les plus proches.

A — Avouez que dans l'état actuel de l'Asindie, c'est **la meilleure solution** du problème. Certains **aspects** de la planification sont **positifs,** mais la réussite est encore **soumise** à trop **d'aléas** pour que nous puissions **anticiper sur** elle.

CONVERSATION 11

B — Puisque le gouvernement asindais essaie de développer ses chemins de fer en faisant appel à des organismes privés, / pourquoi ne tente-t-il pas *la même opération* pour son *réseau routier?* //

A — En ce qui concerne les chemins de fer il peut s'appuyer sur *un ensemble* déjà *existant* / et tout particulièrement sur une *administration* déjà en place. // D'ailleurs c'est une administration d'État ce qui *simplifie* considérablement sa *tâche.* ///

B — Vous pensez donc que les *entreprises de transport* routier asindaises ne sont pas suffisamment *puissantes?* //

A — Elles ont deux *défauts.* // Elles sont privées / et l'État *n'a aucun droit de regard* dans leur gestion. / *En outre* / leur peu *d'envergure* ne permet pas d'envisager qu'elles puissent *assurer* des transports *à l'échelon national.* ///

B — Même si l'on pense à *la fusion* de plusieurs entreprises? //

A — Il faudrait d'abord qu'elles *veuillent bien fusionner.* // Il faudrait qu'elles /soient/ nombreuses à le faire pour créer un *véritable complexe* du transport. // Et cela ne semble pas *viable.* ///

B — Et j'oubliais l'électricité, dont le *prix de revient* permettra des *transports par rail à bon marché* / alors qu'il faut importer *le pétrole brut* ou *l'essence.* ///

A — Moi, je ne l'oubliais pas. // Car non seulement l'importation de pétrole serait une source de *perte de devises* étrangères, / mais c'est encore à des *sociétés étrangères* qu'il faudrait confier *le raffinage,* / ce qui augmenterait *la complexité* du problème. // L'Asindie ne pourra évidemment pas se *passer* longtemps *de* raffineries de pétrole / mais *le but* du gouvernement est de *parer au plus pressé* dans les meilleures conditions possibles. ///

B — Ce qu'il veut, / c'est transporter les produits agricoles *à bas prix* / *dans les meilleurs délais* / vers les usines de transformation ou les *ports* d'exportation. ///

A — Disons vers Asinville. // C'est un port d'une *capacité* très suffisante dont les *installations* sont *modernes.* // De plus, grâce à un système de *primes et d'exonération d'impôts,* / le gouvernement y a *attiré* les quelques usines alimentaires. // *Zone industrielle* et port forment *un ensemble très cohérent.* ///

B — C'est donc le train qui y *amènera* les *matières premières.* // Les entreprises de transport routier suffiront au transport *à l'échelon local* / des zones agricoles vers les *gares* les plus proches. ///

A — Avouez que dans l'état actuel de l'Asindie, / c'est *la meilleure solution* du problème. // Certains *aspects* de la planification sont *positifs,* / mais la réussite est encore *soumise à trop d'aléas* / pour que nous puissions *anticiper sur elle.*

EXERCICES D'ACQUISITION 11

A. — Quelques phrases de même sens :

◆ L'Asindie ne pourra pas longtemps se passer de raffineries de pétrole.
L'Asindie ne pourra pas remettre longtemps l'implantation de raffineries de pétrole.

◆ Il faudrait que les entreprises de transport veuillent bien fusionner.
Il faudrait que les sociétés de transport acceptent de fusionner.
Il faudrait que les entreprises de transport soient d'accord pour fusionner.

◆ Le peu d'envergure de ces entreprises ne leur permet pas d'assurer les transports à l'échelon national.
La petite taille de ces firmes ne leur permet pas d'assurer les transports sur l'ensemble du pays.
Leur manque de puissance empêche ces firmes d'assurer les transports sur l'ensemble du territoire.

◆ La fusion des petites entreprises est une nécessité vitale pour le pays.
L'union des petites entreprises est un impératif absolu pour la nation.
Il est vital pour le pays que les petites entreprises s'unissent.

B. — Quelques phrases de sens contraire :

◆ Certains aspects de la planification sont positifs.
Aucun aspect de la planification n'est positif.
Tous les aspects de la planification sont négatifs.

◆ La fusion de ces deux entreprises a créé un complexe des transports.
L'éclatement de ces deux entreprises a amené un morcellement des transports.
En se séparant, ces deux entreprises ont morcelé les transports.

C. — Quelques nuances :

◆ Certains aspects de la planification sont positifs.
Beaucoup d'aspects de la planification sont positifs.
Tous les aspects de la planification sont positifs.

EXERCICES STRUCTURAUX 11.1

Exemples :

a) Les asindais ne peuvent pas se passer de raffineries et ils doivent les confier à des étrangers.

→ **Non seulement...**

dites : **Non seulement** *les asindais ne peuvent pas se passer de raffineries, mais ils doivent les confier à des étrangers.*

b) Les entreprises privées sont trop petites et l'État n'a aucun droit de regard dans leur gestion.

→ **Non seulement...**

dites : **Non seulement** *les entreprises privées sont trop petites, mais l'État n'a aucun droit de regard dans leur gestion.*

Commencez l'exercice :

1. Les Asindais ne peuvent pas se passer de raffineries et ils doivent les confier à des étrangers.
→ **Non seulement...**

2. Les entreprises privées sont trop petites et l'État n'a aucun droit de regard dans leur gestion.
→ **Non seulement...**

3. Les entreprises de transport sont très nombreuses et il faudrait qu'elles veuillent bien fusionner.
→ **Non seulement...**

4. Le gouvernement asindais veut transporter les produits agricoles à bas prix et il veut le faire dans les meilleurs délais.
→ **Non seulement...**

5. Le resserrement du crédit pousse à l'épargne et il facilite la politique d'équilibre du budget.
→ **Non seulement...**

EXERCICES STRUCTURAUX 11.2

Exemples :

a) Le gouvernement n'a aucun droit dans ce domaine.

→ **Le gouvernement...**

dites : **Le gouvernement** *a tous les droits dans ce domaine.*

b) Ils peuvent s'appuyer sur toutes les banques.

→ **Ils...**

dites : **Ils** *ne peuvent s'appuyer sur aucune banque.*

Commencez l'exercice :

1. Le gouvernement n'a aucun droit dans ce domaine.

→ **Le gouvernement...**

2. Ils peuvent s'appuyer sur toutes les banques.

→ **Ils...**

3. Les sociétés étrangères ne construisent aucune raffinerie de pétrole.

→ **Les sociétés...**

4. Ils veulent transporter tous les produits agricoles par rail.

→ **Ils...**

5. Nous avons attiré toutes les usines de transformation alimentaire.

→ **Nous...**

6. Ce système fiscal n'encourage aucune initiative.

→ **Ce système fiscal...**

7. Dans cet accord l'État prend tous les risques.

→ **Dans cet accord...**

8. Le gouvernement asindais ne reconnaît aucun syndicat.

→ **Le gouvernement asindais...**

9. Ils ont augmenté toutes les commandes à la France.

→ **Ils...**

10. La production ne s'accroît dans aucune usine.

→ **La production...**

EXERCICES STRUCTURAUX 11.1 *(suite)*

6. Le volume des produits agricoles à transporter augmentera et le volume du trafic ferroviaire devra être accru.

→ *Non seulement...*

7. Le réseau ferroviaire est squelettique et mal adapté aux besoins, et il est déficitaire.

→ *Non seulement...*

8. Nous ne leur commandons plus de vin et ils doivent nous consentir un rabais sur les minerais.

→ *Non seulement...*

9. Le droit de grève n'est pas reconnu en Asindie et les associations syndicales y sont interdites.

→ *Non seulement...*

10. Nos relations avec eux sont bonnes et nous avons signé un accord commercial.

→ *Non seulement...*

TRAFIC DES PRINCIPAUX PORTS MARITIMES

Évolution de 1950 à 1975

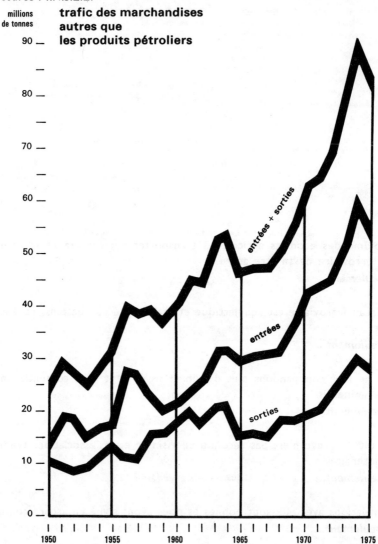

> # EXERCICES STRUCTURAUX 11.1
> # CORRIGÉ

1.

→ **Non seulement** les Asindais ne peuvent pas se passer de raffineries, mais ils doivent les confier à des étrangers.

2.

→ **Non seulement** les entreprises privées sont trop petites, mais l'État n'a aucun droit de regard dans leur gestion.

3.

→ **Non seulement** les entreprises de transport sont très nombreuses, mais il faudrait qu'elles veuillent bien fusionner.

4.

→ **Non seulement** le gouvernement asindais veut transporter les produits agricoles à bas prix, mais il veut le faire dans les meilleurs délais.

5.

→ **Non seulement** le reserrement du crédit pousse à l'épargne, mais il facilite la politique d'équilibre du budget.

EXERCICES STRUCTURAUX 11.2
CORRIGÉ

1.
→ **Le gouvernement** *a tous les droits dans ce domaine.*

2.
→ **Ils** *ne peuvent s'appuyer sur aucune banque.*

3.
→ **Les sociétés** *étrangères construisent toutes les raffineries de pétrole.*

4.
→ **Ils** *ne veulent transporter aucun produit agricole par rail.*

5.
→ **Nous** *n'avons attiré aucune usine de transformation alimentaire.*

6.
→ **Ce système fiscal** *encourage toutes les initiatives.*

7.
→ **Dans cet accord** *l'État ne prend aucun risque.*

8.
→ **Le gouvernement asindais** *reconnaît tous les syndicats.*

9.
→ **Ils** *n'ont augmenté aucune commande à la France.*

10.
→ **La production** *s'accroît dans toutes les usines.*

```
EXERCICES STRUCTURAUX 11.1
        CORRIGÉ (suite)
```

6.

→ **Non seulement** *le volume des produits agricoles à transporter augmentera, mais le volume du trafic ferroviaire devra être accru.*

7.

→ **Non seulement** *le réseau ferroviaire est squelettique et mal adapté aux besoins, mais il est déficitaire.*

8.

→ **Non seulement** *nous ne leur commandons plus de vin, mais ils doivent nous consentir un rabais sur les minerais.*

9.

→ **Non seulement** *le droit de grève n'est pas reconnu en Asindie, mais les associations syndicales y sont interdites.*

10.

→ **Non seulement** *nos relations avec eux sont bonnes, mais nous avons signé un accord commercial.*

pétrole et gaz naturel en france

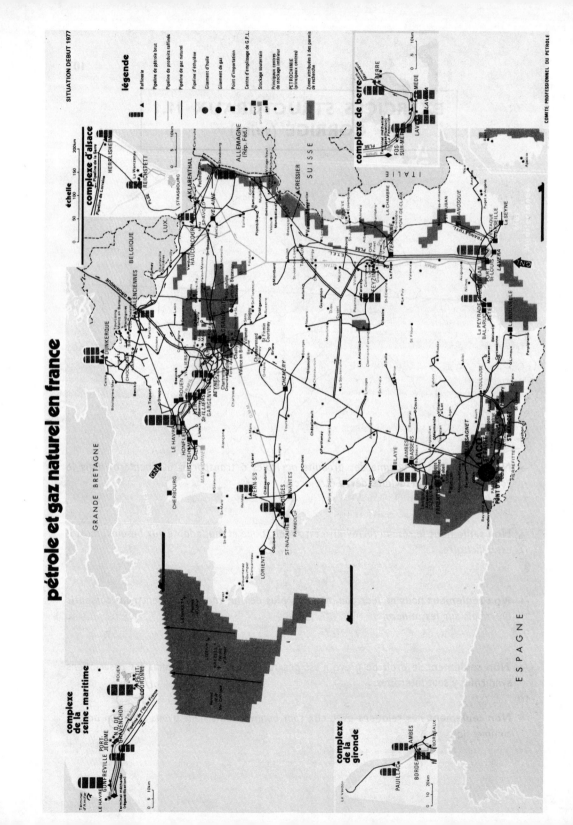

SITUATION DEBUT 1977

légende

Raffinerie

Pipeline de pétrole brut
Pipeline de produits raffinés
Pipeline de gaz naturel
Pipeline d'éthylène
Gisement d'huile
Gisement de gaz
Point d'importation
Centre d'importation de G.P.L.
Stockage souterrain
Principaux centres de stockage aérien
PETROCHIMIE (principaux centres)
Zones attribuées à des permis de recherche

complexe d'alsace

échelle

complexe de berre

complexe de la seine-maritime

complexe de la gironde

COMITE PROFESSIONNEL DU PETROLE

LEÇON 12

INDÉPENDANCE ÉCONOMIQUE ET OPTIMISME

B — Le *bilan* de ces dernières années est assez *lourd* mais les aspects positifs auxquels vous faisiez allusion permettent de penser que l'on se *dirige vers* une amélioration de la situation économique.

A — Certains *signes* sont *encourageants* mais, *dans les faits,* l'Asindie n'a pas encore *pris le chemin* de l'amélioration. La planification est un des aspects de l'économie, mais *rien ne prouve que* les Asindais *atteindront les objectifs* qu'ils se sont *assignés.* Les sans-emploi et les *chômeurs* sont *une réalité, l'industrialisation massive* et la *création d'emplois nouveaux* ne sont que des projets...

B — Leurs *pourparlers* avec les banquiers pour la modernisation du réseau de chemin de fer *indiquent* une certaine *volonté d'amorcer* rapidement *la phase* de modernisation de l'agriculture.

A — La modernisation du réseau *ferré* n'a *aucune chance* de succès si elle n'est pas *associée à* la construction des barrages et à la redistribution des terres. C'est très certainement une réalisation à laquelle *ils vont s'attacher.* Mais nous connaissons les conditions de la réussite et personne ne peut affirmer que le gouvernement asindais ne va pas *persister dans l'erreur* de la *lutte armée.*

B — Je ne pense pas qu'il le puisse. Je sais bien que l'*on est loin de* lire dans la *presse spécialisée* des titres tels que « Asindie; *Bourse : marché actif, valeurs en hausse* dans l'ensemble » qui sont *le signe* de la *prospérité* de l'industrie d'un pays, mais j'ai pourtant confiance.

A — Un élément **plaide en faveur** des Asindais. Ils ont réussi à conserver une assez nette **indépendance économique par rapport aux** grandes puissances et aux grands **blocs** politiques. Ils n'ont pas de **dettes** importantes. Il serait **souhaitable qu'**ils **tirent profit de** cette indépendance pour **se rapprocher des** nations voisines. Ensemble, ces nations pourraient **se grouper au sein d'**une **union économique** efficace.

B — Vous pensez que la **mise en place** d'une sorte de **Marché Commun** leur permettrait de mieux préserver leur indépendance économique et **accélèrerait** leur développement?

A — Cela aurait certainement une **incidence heureuse** sur le **rythme** de leur **croissance.** Une **harmonisation** de leurs politiques, des responsabilités financières et économiques **communes** permettraient **l'intervention** et le **soutien mutuels,** ainsi que l'organisation **collective** de la production...

B — Oui, et l'**orientation** commune **des efforts** augmenterait leur **rentabilité.** Grâce à des **mécanismes de protection,** chacune des nations serait mieux **à l'abri** des surprises désagréables. L'avenir de l'Asindie est peut-être dans **cette voie.** Pourquoi pas?

CONVERSATION 12

B — Le *bilan* de ces dernières années est assez *lourd* / mais les aspects positifs aux.quels vous faisiez allusion permettent de penser / que l'on se *dirige vers* une amélioration de la situation économique. ///

A — Certains *signes* sont *encourageants* / mais, *dans les faits*, l'Asindie n'a pas encore *pris le chemin* de l'amélioration. // La planification est un des aspects de l'économie, / mais *rien ne prouve que* les Asindais *atteindront* les *objectifs* qu'ils se sont *assignés*. // Les sans-emploi et les *chômeurs* sont *une réalité*, // l'*industrialisation massive* et la *création d'emplois nouveaux* ne sont que des projets. ///

B — Leurs *pourparlers* avec les banquiers pour la modernisation du réseau de chemin de fer / *indiquent* une certaine *volonté d'amorcer* rapidement *la phase* de modernisation de l'agriculture. ///

A — La modernisation du réseau *ferré* n'a *aucune chance de* succès / si elle n'est pas *associée à* la construction des barrages et à la redistribution des terres. // C'est très certainement une réalisation à laquelle *ils vont s'attacher*. // Mais nous connaissons les conditions de la réussite / et personne ne peut affirmer / que le gouvernement asindais ne va pas *persister dans l'erreur* de la *lutte armée*. ///

B — Je ne pense pas qu'il le puisse. // Je sais bien que l'*on est loin de* lire dans la *presse spécialisée* / des titres tels que « *Asindie; Bourse : marché actif, valeurs en hausse dans l'ensemble* » / qui sont *le signe* de la *prospérité* de l'industrie d'un pays, / mais j'ai pourtant confiance. ///

A — Un élément *plaide en faveur* des Asindais. // Ils ont réussi à conserver une assez nette *indépendance économique / par rapport aux* grandes puissances et aux grands *blocs* politiques. // Ils n'ont pas de *dettes* importantes. // Il serait *souhaitable* qu'ils *tirent profit* de cette indépendance / pour *se rapprocher des* nations voisines. // Ensemble, / ces nations pourraient *se grouper au sein* d'une *union économique* efficace. ///

B — Vous pensez que la *mise en place* d'une sorte de *Marché Commun* / leur permettrait de mieux préserver leur indépendance économique / et *accélérerait* leur développement? //

A — Cela aurait certainement une *incidence heureuse* sur le *rythme* de leur *croissance*. // Une *harmonisation* de leurs politiques, / des responsabilités financières et économiques *communes* / permettraient *l'intervention* et le *soutien mutuels*, / ainsi que l'organisation *collective* de la production... ///

B — Oui, / et *l'orientation* commune *des efforts* augmenterait leur *rentabilité*. // Grâce à des *mécanismes de protection*, / chacune des nations serait mieux *à l'abri* des surprises désagréables. // L'avenir de l'Asindie est peut-être dans cette voie. // Pourquoi pas?

EXERCICES D'ACQUISITION 12

A. — *Quelques phrases de même sens :*

◆ Leur union aurait une incidence heureuse sur le rythme de leur croissance.
Leur association aurait des effets bénéfiques sur le rythme de leur développement.
La progression de leur développement bénéficierait de leur union.

◆ Ils vont s'attacher à cette réalisation.
Ils vont se consacrer à l'exécution de cette tâche.
Cette réalisation va devenir leur souci constant.

◆ Ils atteindront les objectifs qu'ils se sont assignés.
Ils atteindront les buts qu'ils se sont fixés.
Ils réussiront ce qu'ils se proposent de réaliser.

B. — *Quelques phrases de sens contraire :*

◆ Nous connaissons les conditions de la réussite.
Nous ignorons les conditions de la réussite.
Nous ne savons rien des conditions du succès.
Les conditions de la réussite sont une inconnue.

◆ Nous avons préservé notre indépendance.
Nous avons perdu notre autonomie.

◆ Le marché est actif; les valeurs sont en hausse.
Le marché est calme; les valeurs sont en baisse.

◆ Ils se sont attachés à cette réalisation.
Ils se sont désintéressés de cette réalisation.
Ils n'ont accordé aucun intérêt à cette tâche.

C. — *Quelques nuances :*

◆ C'est un article spécialisé.
C'est un article spécial.
C'est un article spécieux.

EXERCICES STRUCTURAUX 12.1

Exemples :

a) Ils se sont attachés à une tâche qui est difficile.
→ *La tâche...*
dites : *La tâche à laquelle ils se sont attachés est difficile.*
b) Vous ne pensez pas au Maroc qui est un gros client.
→ *Le Maroc...*
dites : *Le Maroc auquel vous ne pensez pas est un gros client.*
c) Monsieur Blondel participe à des conversations qui sont importantes.
→ *Les conversations...*
dites : *Les conversations auxquelles M. Blondel participe sont importantes.*
d) La France fournit du sucre aux Asindais qui en manquent souvent.
→ *Les Asindais...*
dites : *Les Asindais auxquels la France fournit du sucre en manquent souvent.*

Commencez l'exercice :

1. Ils se sont attachés à une tâche qui est difficile.
→ *La tâche...*
2. Vous ne pensez pas au Maroc qui est un gros client.
→ *Le Maroc...*
3. M. Blondel participe à des conversations qui sont importantes.
→ *Les conversations...*
4. La France fournit du sucre aux Asindais qui en manquent souvent.
→ *Les Asindais...*
5. L'Asindie s'est adressée à un pays qui a refusé son offre.
→ *Le pays...*
6. Nous ouvrons nos marchés aux pays qui le désirent.
→ *Les pays...*
7. Leurs produits artisanaux sont destinés à un marché qui est strictement local.
→ *Le marché...*
8. Le gouvernement réserve les exonérations d'impôts aux firmes qui sont associées.
→ *Les firmes...*
9. Nous achetons du vin à l'Asindie qui est elle-même notre cliente.
→ *L'Asindie...*
10. Les banques accordent leur appui à un gouvernement qui offre des garanties.
→ *Un gouvernement...*

EXERCICES STRUCTURAUX 12.2

Commencez l'exercice :

1. Est-ce que les banques accordent quelque chose sans garanties suffisantes?

→ **Les banques...**

2. Est-ce que les banques accordent des prêts à quelqu'un sans garanties suffisantes?

→ **Les banques...**

3. Est-ce qu'une firme achète quelque chose sans étudier le marché?

→ **Une firme...**

4. Est-ce qu'une firme achète des marchandises à quelqu'un sans étudier le marché?

→ **Une firme...**

5. Est-ce que l'Asindie propose quelque chose sans prévoir des accords sérieux?

→ **L'Asindie...**

6. Est-ce que l'Asindie propose des produits à quelqu'un sans prévoir des accords sérieux?

→ **L'Asindie...**

7. Est-ce que vous prêtez quelque chose sans faire payer d'intérêts?

→ **Vous...**

8. Est-ce que vous prêtez de l'argent à quelqu'un sans faire payer d'intérêts?

→ **Vous...**

9. Est-ce que nous commandons quelque chose sans y être obligés?

→ **Nous...**

10. Est-ce que nous commandons des denrées à quelqu'un sans y être obligés?

→ **Nous...**

EXERCICES STRUCTURAUX 12.1 CORRIGÉ

1.
→ *La tâche* à laquelle ils se sont attachés est difficile.

2.
→ *Le Maroc* auquel vous ne pensez pas est un gros client.

3.
→ *Les conversations* auxquelles Monsieur Blondel participe sont importantes.

4.
→ *Les Asindais* auxquels la France fournit du sucre en manquent souvent.

5.
→ *Le pays* auquel l'Asindie s'est adressée a refusé son offre.

6.
→ *Les pays* auxquels nous ouvrons nos marchés le désirent.

7.
→ *Le marché* auquel sont destinés leurs produits artisanaux est strictement local.

8.
→ *Les firmes* auxquelles le gouvernement réserve les exonérations d'impôts sont associées.

9.
→ *L'Asindie* à laquelle nous achetons du vin est elle-même notre cliente.

10.
→ *Le gouvernement* auquel les banques accordent leur appui offre des garanties.

EXERCICES STRUCTURAUX 12.2
CORRIGÉ

1.
→ *Les banques* n'accordent rien sans garanties suffisantes.

2.
→ *Les banques* n'accordent de prêts à personne sans garanties suffisantes.

3.
→ *Une firme* n'achète rien sans étudier le marché.

4.
→ *Une firme* n'achète de marchandises à personne sans étudier le marché.

5.
→ *L'Asindie* ne propose rien sans prévoir des accords sérieux.

6.
→ *L'Asindie* ne propose de produits à personne sans prévoir des accords sérieux.

7.
→ *Vous* ne prêtez rien sans faire payer d'intérêts.

8.
→ *Vous* ne prêtez d'argent à personne sans faire payer d'intérêts.

9.
→ *Nous* ne commandons rien sans y être obligés.

10.
→ *Nous* ne commandons de denrées à personne sans y être obligés.

STRUCTURE ET FACTEURS DE PRODUCTION DE L'INDUSTRIE FRANÇAISE DU CAOUTCHOUC

I. — LES STRUCTURES

L'industrie de la transformation du caoutchouc comprend deux branches distinctes : la branche « Pneumatiques » et la branche « Caoutchouc Industriel ». La branche « Pneumatiques » comprend 9 entreprises de fabrication comportant elles-mêmes 22 établissements répartis dans 20 départements :

- Continental.   57301 Sarreguemines   - Michelin ...   63040 Clermont-Ferrand
- Dunlop ....   80003 Amiens   71450 Blanzy
                       03108 Montluçon   45380 La Chapelle-Saint-Mesmin
- Firestone-France .... 62400 Béthune   49300 Cholet
- Goddyear .   8009 Amiens   37300 Joué-lès-Tours
- Hutchinson-Mapa ..... 45202 Montargis   85000 La Roche-sur-Yon
                       95340 Persan   86000 Poitiers
- Kléber-Colombes ..   92700 Colombes   42300 Roanne
                       76320 Caudebec-lès-Elbeuf   18230 Saint-Doulchard
                       54200 Toul   - Uniroyal ..   60205 Clairoix
                       10600 Troyes   - Wolber ...   02205 Soissons

La branche « Caoutchouc Industriel » est constituée par environ 300 entreprises principalement implantées dans les régions suivantes : Ile-de-France, Centre, Pays de la Loire, Bourgogne, Haute-Normandie, Bretagne, Rhône-Alpes, si bien que 80 % des effectifs occupés par cette branche travaillent dans la moitié nord de la France. Un assez grand nombre d'entreprises de la branche « Caoutchouc Industriel » ont également une activité dans le domaine de la transformation des matières plastiques.

II. — LES FACTEURS DE PRODUCTION

a) Matériel

Pour transformer les caoutchoucs bruts en produits manufacturés, il faut utiliser un matériel lourd, important, onéreux : mélangeurs, calandres, boudineuses-extrudeuses, presses, moules, machines à couper les tissus, métiers à gommer, autoclaves, etc.

b) Énergie

La mise en œuvre de cet ensemble de machines se traduit par une consommation importante d'énergie dont une part sert au chauffage nécessaire pour la vulcanisation.

Le Tableau I du cahier « Statistiques » donne les consommations des différentes énergies.

c) Main-d'œuvre

Il s'agit d'une industrie de transformation, donc manufacturière, employant un nombre important de salariés.

Les effectifs employés figurent au Tableau II du cahier « Statistiques ».

Tableau I. — CONSOMMATIONS D'ÉNERGIE

	Unités	1975
Charbon	milliers de tonnes	135
Fuel-oil	milliers de tonnes	237
Gaz :		
● Gaz de France	millions de thermies	57,8
● Autres producteurs	millions de m³	45,6
Électricité	millions de kWh	1 238
Vapeur achetée	milliers de tonnes	1 238
Vapeur achetée	milliers de tonnes	286

Tableau II. — EFFECTIFS EMPLOYÉS PAR BRANCHES DE FABRICATION

	1975
Cades et employés :	
Pneumatiques	16,7
Caoutchouc Industriel..................................	9,7
Ensemble	26,4
Ouvies :	
Pneumatiques	37,7
Catouchouc industriel..................................	31,3
Ensemble	69,0
Effectif total :	
Pneumatiques	54,4
Caoutchouc industriel..................................	41,0
Ensemble	95,4

Source : Synd. nation. du caoutchouc.

ÉLECTRICITÉ

I.— DESCRIPTION DES ACTIVITÉS

Les trois types de production d'électricité sont actuellement utilisés en France :
— production hydraulique;
— production thermique traditionnelle;
— production thermique nucléaire.

1) Production hydraulique

La houille blanche fut la première source d'énergie à être utilisée pour produire de l'électricité. Depuis la dernière guerre, dans les Alpes, le Jura, le Massif Central et les Pyrénées, tous les sites susceptibles d'être exploités ont été aménagés; le cours des grands fleuves et des rivières, comme le Rhin ou la Durance a été modelé pour les besoins de la production d'électricité.
C'est pourquoi on estime que la régression de la part de l'hydraulique dans la production totale d'électricité ne peut que s'accentuer à l'avenir car tous les grands aménagements envisageables sur le territoire national ont été réalisés. Toutefois, la production hydro-électrique joue toujours un rôle prédominant, du fait de sa souplesse d'exploitation, et sera sans doute de plus en plus utilisée pour fournir de l'électricité aux heures de pointe.
Les aménagements hydro-électriques peuvent être classés selon le *type de retenue* d'eau, ce qui permet de distinguer :
— *les réservoirs de lac, ou réservoirs saisonniers;*
— *les réservoirs d'éclusée.*
Par ailleurs, il existe trois grandes catégories d'usines hydrauliques :
— les usines de *pied de barrage;*
— les usines de *dérivation;*
— les usines au *fil de l'eau.*
Citons également *l'usine marémotrice* de la Rance, qui est la seule au monde capable de convertir en énergie électrique la force des marées.

2) Production thermique traditionnelle

La production d'énergie thermique a pris en France une place prépondérante. Le rendement des centrales thermiques est sans cesse amélioré, de telle sorte que leur consommation spécifique moyenne de combustible décroît progressivement depuis 1947. Il ne faut plus aujourd'hui que 2.300 millithermies environ pour produire 1 kWh, contre 5.000 millithermies il y a 25 ans.
Différents combustibles peuvent alimenter les centrales thermiques classiques : charbon, fuel oil, gaz naturel ou provenant des hauts-fourneaux.
Actuellement le charbon, dont le rôle fut fongtemps primordial, n'assure plus que 20 % environ de lar production thermique française, tandis que la part du fuel oil y contribue pour 55 %

3) Production thermique nucléaire

La part de l'électricité d'origine nucléaire demeure assez faible; elle ne représente actuellement que 10 % environ de la consommation totale d'électricité.
Après avoir réalisé les premières centrales selon une technique mise au point en France et appelée filière uranium naturel-graphite gaz, E.D.F. a décidé à partir de 1969 d'abandonner cette technique au profit de la filière uranium enrichi-eau légère (P.W.R.)d'origine américaine, suivant en cela l'exemple de la plupart des grands pays industriels. Toutes les centrales actuellement en construction, correspondant en particulier aux importants programmes consécutifs à la crise d'octobre 1973, sont du type P. W.R.
Enfin, il est à signaler qu'en prévision d'un avenir plus lointain, E.D.F. participe aux recherches du C.E.A. dans le domaine des réacteurs dits « surrégénérateurs » qui créent plus de combustibles qu'ils n'en utilisent et multiplient par environ 70 l'énergie pouvant être extraite d'une quantité donnée d'uranium naturel.

DU PARLÉ A L'ÉCRIT

Les textes qui vont suivre ne sont pas la reproduction de documents commerciaux ou administratifs réels. Ils ne représentent pas non plus une approche de la correspondance commerciale.

Leur but est de montrer aux étudiants que le langage parlé et le langage écrit ne sont pas totalement étrangers l'un à l'autre.

C'est pourquoi l'étudiant trouvera, réutilisés dans ces textes, de nombreuses structures et un important vocabulaire déjà utilisés dans les conversations.

Au moment où nous écrivons ces lignes, l'autoroute Brest-Strasbourg, à laquelle nous faisons allusion dans une lettre, n'existe pas ou pas encore. C'est assez montrer que les documents que nous présentons ne sont que des *exemples* de réutilisation et que chaque étudiant pourra inventer lui-même des thèmes, et les développer par écrit en se servant de ce qu'il a appris.

Lettre d'un directeur d'une chaîne
hôtelière à un de ses adjoints.

Mon cher ami,

Vous savez que des pourparlers Asindie-Renault pour la
création d'une chaîne de montage de voitures sont près d'aboutir.
Cette expérience semble montrer que le gouvernement Asindais est
dans de bonnes dispositions et ne ferait pas la sourde oreille
à des propositions qui puissent l'intéresser.

L'afflux de touristes, chaque année plus important en
Asindie, prouve qu'il y a pour nous des marchés à prendre dans
ce pays. Personnellement, je serais prêt à y investir des capitaux si les conditions étaient intéressantes.

Je serais heureux que vous entriez en rapport avec les
autorités Asindaises pour savoir dans quelle mesure ils seraient
favorables à l'implantation d'une chaîne hôtelière sur la côte
Asindaise.

J'aimerais aussi que vous cherchiez à connaître les conditions financières imposées par le gouvernement Asindais. En
particulier, quelle part des bénéfices serait réexportable
vers la France et quel pourcentage de réinvestissement sur
place serait exigé.

Si le gouvernement Asindais semble accepter une réexportation d'au moins 50% des bénéfices je vous demande de commencer.
les discussions. Je suis prêt à me rendre moi-même en Asindie
pour négocier un accord complet.

J'ai déjà à ma disposition un rapport concernant le coût
et les possibilités de la construction sur place. Dans ce domaine, nous ne rencontrerions que très peu de difficultés.

Bien à vous,

BANQUE DES
AFFAIRES   ASINVILLE, le 6 mars 1977

8 rue Noir
ASINVILLE
                            Lettre-circulaire envoyée à un
                            agriculteur asindais.

        Cher Monsieur,

        La priorité donnée au plan de redistribution des terres
par le gouvernement montre l'urgence de la modernisation de
l'agriculture. Vous êtes agriculteur et vous savez bien que
cette modernisation est une nécessité vitale pour le pays et
pour vous-même.

        Un agriculteur qui manque d'équipements modernes ne peut
pas atteindre un niveau de production suffisamment rentable pour
faire face aux difficultés de notre système de commercialisation
et à la sévérité de notre système d'imposition. Il est deux fois
victime : La difficulté de vendre à un prix normal le condamne à
un niveau de vie trop bas ; les impôts qui le frappent l'empê-
chent d'améliorer son exploitation.

        Existe-t-il une solution à ces problèmes ? OUI. Et cette
lettre vous l'apporte.

        Pourquoi vous écrivons-nous ? Pour deux raisons :
D'abord,parce qu'une entreprise agricole qui se modernise contribue au progrès du pays et que nous avons,comme vous,intérêt à
l'amélioration des conditions économiques de notre pays. Ensuite,
parce que la progression d'une entreprise agricole la transforme,
pour nous,en un "bon risque".

        Sans nous,vous ne pourriez pas progresser. Nous avons
besoin de vous pour progresser nous-mêmes.

        Que pouvons-nous vous offrir ? En vous accordant des
prêts à intérêts modérés nous vous permettons d'acheter un équi-
pement moderne et de transformer votre entreprise. Nous vous
donnons la possibilité de "grandir".

        En vous adressant à nous,vous trouverez l'argent dont
vous avez besoin,aux meilleures conditions.

Nous savons que nous pouvons vous faire confiance : Votre progrès sera notre garantie.

Venez nous voir ! Votre avenir se trouve chez nous comme le nôtre se trouve chez vous. Vous investirez avec _notre_ argent,c'est à dire que vous ne prendrez que des risques calculés. Nos services sont à votre disposition pour vous aider à les prendre.

Veuillez croire,Cher Monsieur,à nos sentiments dévoués.

Un des Directeurs

Lettre-circulaire envoyée à des étudiants par :
"L'ECOLE PAR CORRESPONDANCE"
ASINVILLE

Monsieur,

Nous apprenons que vous venez de passer le baccalauréat et nous voulons vous féliciter de votre succés.

Comme des milliers de jeunes gens,vous pensez maintenant à votre avenir et vous hésitez à vous engager dans une voie sans être sûr qu'elle offre des débouchés. Notre but est de vous aider.

Comme vous le savez certainement,dans certains secteurs la demande d'emploi dépasse largement l'offre; c'est pourquoi beaucoup de jeunes gens éprouvent des difficultés à trouver un emploi ou un poste qui corresponde exactement au type d'études qu'ils ont suivi et reçoivent un salaire ou un traitement très bas par rapport à leur qualification réelle.

Nous pouvons vous éviter de vous trouver dans la même situation. Nous ne voulons pas que vous pensiez que nous pouvons faire des miracles. C'est grâce à une organisation sérieuse et bien faite,grâce à des enquêtes nombreuses sur le marché du travail, grâce à un personnel qualifié que nous sommes en mesure de vous guider vers un emploi stable et vers un salaire normal.

Ecrivez-nous. Parlez-nous de vos goûts. Dites-nous quels secteurs d'activité vous intéressent. Nos services vous donneront tous les renseignements utiles et vous montreront toutes les possibilités qui s'offrent à vous. Grâce à nous,vous serez sûr de ne pas risquer l'échec !

Croyez,cher Monsieur,à nos sentiments dévoués.

                              Le Directeur

Sté ALBERT BERNARD
    & FILS

32 rue de Cracovie
67200-STRASBOURG

Tél : (88)99.85.30

Telegr : VEMI
          Strbg
Ccp : 18-09604
Cred Lyon :
    12976 Ag 32
RC Strg 13729 ax

STRASBOURG, le 11 juillet 1976

Monsieur le DIRECTEUR DES
TRAVAUX PUBLICS
Section Transport
Ministère des Travaux Publics
ASINVILLE
(Asindie)

        Monsieur le Directeur,

        Depuis plus de trente ans,notre firme s'est spécialisée
dans la fabrication et la vente de véhicules de transports légers
de tous types.

        Notre expérience nous a permis d'apporter sans cesse des
améliorations à nos véhicules qui sont,à l'heure actuelle,parmi
les mieux adaptés du monde au déplacement et au transport tous
terrains.

        Nos moyens modernes de production nous mettent en mesure
d'offrir sur le marché des engins à moteur de toute première
qualité,légers mais puissants,ce qui leur permet d'être rapides
et silencieux,et d'un entretien très facile.

        Grâce à des contrôles nombreux et stricts,il nous est
possible de livrer nos véhicules sous garantie contre toute
défaillance mécanique. Il va de soi que nous assurons le service
après-vente des pièces de rechange.

        Notre potentiel de production et notre organisation com-
merciale nous permettent de faire face à n'importe quelle commande
et de livrer notre matériel dans des délais extrêmement limités,
à des prix très avantageux.

        Le catalogue ci-joint vous donnera une vue d'ensemble de
l'éventail très complet de notre production. Cependant,soucieux
de satisfaire chacun de nos clients,nous sommes prêts à envisager
les modifications qui pourraient nous être demandées.

Nous restons à votre entière disposition pour vous donner tout renseignement que vous jugeriez utile et sommes prêts à vous envoyer,à votre demande,un de nos représentants,pour vous aider dans votre choix et mener toute discussion au sujet des commandes que vous voudriez faire à notre firme.

Veuillez agréer,Monsieur le Directeur,nos salutations empressées.

Un des Directeurs

Même firme que
dans la lettre
précédente.
Même desti-
nataire.

STRASBOURG, le 13 janvier 1977

Monsieur le Directeur
des TRAVAUX PUBLICS
Section Transport
Ministère des Travaux Publics
ASINVILLE

Monsieur le Directeur,

Aux termes des accords que nous avons signés le 15 sep-
tembre 1976,nous devions livrer au gouvernement Asindais quarante
véhicules du type GTT 237 pour le 31 janvier 1977,matériel rendu
au port d'Asinville.

Malgré des remous sociaux qui ont affecté toute l'industrie française au cours du mois de décembre 1976,nous avons réussi à respecter nos délais de fabrication et notre chaîne de montage a pu terminer sa tâche le 4 janvier courant.

Comme le représentant de votre Ambassade à Paris a pu le
constater,nous avons expédié les quarante véhicules dès le 6 janvier,par voie ferrée.

Nous avons pourtant le regret de vous informer que ce
matériel n'a pas encore pu quitter la France. Une grève paralyse,
à l'heure actuelle,l'ensemble des ports français et un télégram-
me reçu ce matin nous apprend que notre envoi est en attente,à
quai,à Bordeaux. Des négociations sont en cours pour mettre fin
à ce conflit social. Mais il est peu probable que ces discussions
aboutissent assez tôt pour que les quarante GTT 237 puissent être
à Asinville pour le 31 janvier.

Nous vous prions de croire que nous déplorons ce retard
qui est entièrement indépendant de notre volonté.

Veuillez agréer,Monsieur le Directeur,l'assurance de nos
sentiments respectueux et dévoués.

Un des Directeurs

Le Directeur des Editions Scienti-
                                      fiques Legrand

                                      à l'attention de Messieurs les Chefs
                                      de Service.

        Les statistiques publiées par notre service de compta-
bilité pour le deuxième trimestre de l'année en cours (Avril-
Mai-Juin) montrent un fléchissement assez important de nos
ventes à l'exportation. La baisse, extrêmement régulière, a commencé au milieu du trimestre pour atteindre 7,4% par rapport
au trimestre correspondant de l'année dernière.

        Cette dégradation ne peut en aucun cas s'expliquer par
une baisse saisonnière de la demande qui se produit généralement
au cours de l'été. Il est peu probable qu'elle puisse être le
résultat de la concurrence étrangère puisque, dans le cas de
notre production, personne ne peut entrer sérieusement en compétition avec nous.

        J'aimerais que chacun d'entre vous ouvre une enquête
qui nous permette de trouver les causes de ce ralentissement
et me fasse des suggestions qui nous mettent en mesure d'y porter remède. Je souhaite recevoir l'ensemble de vos rapports
avant la fin de ce mois.

        Sans être pessimiste, je pense que nous devons agir
très rapidement pour faire face à cette mévente ; pour rétablir l'équilibre du produit de nos ventes, je propose qu'un
effort accru soit fait pour procéder à une relance de nos
exportations dès maintenant bien que nous soyons en été, période habituellement la moins favorable.

        D'avance, je vous remercie.

                                      Le 10 juillet 1977

OFFICE ASINDAIS POUR L'ENERGIE ELECTRIQUE

ANNEE 1976

EXTRAITS DU

RAPPORT ANNUEL DE GESTION

        Le bilan au 31 décembre 1976 montre une amélioration de
la production et de la vente d'énergie électrique et une augmentation des investissements par rapport à l'année précédente.

- PRODUCTION :

        La production brute totale s'est élevée à 18446 millions
de kWh contre 17478 millions en 1975. Le chiffre de 1976 correspond
à une augmentation de 3,4% par rapport à 1975. Il se répartit de la
façon suivante :
        -Production d'origine thermique : 6343 millions de kWh.
        -Production d'origine hydraulique : 11729 millions de kWh.

- VENTES :

        La demande croissante d'énergie électrique de la part des
chemins de fer et des usines nouvellement installées dans la zone
industrielle d'Asinville a augmenté le volume de nos ventes de 560
millions de kWh. La recette pour 1976 s'est élevée à plus de 3053
millions de Francs contre 2985 millions de Francs en 1975. L'accroissement du produit de la vente est de 2,3% par rapport à l'année précédente. Comparé au taux de progression de la production (3,4%) ce
chiffre peut paraître faible. Mais il faut tenir compte du fait que
la COMPAGNIE ASINDAISE DES CHEMINS DE FER a absorbé les 2/3 de notre
supplément de production et qu'elle bénéficie de réductions de tarif.
Il faut aussi remarquer que pour les autres consommateurs les tarifs
sont restés inchangés.

- INVESTISSEMENTS :

        L'augmentation de notre production est dûe au développement
du potentiel des installations dans trois domaines :
- Des travaux importants ont permis la modernisation de certaines de
  nos installations thermiques.
- La mise en service du "Petit Barrage Sud" a fait progresser notre
  production et nos ventes dans la province du sud.

- 4% de nos recettes ont été consacrées à l'achat à la France de
  générateurs thermiques d'un type nouveau. Bien que seuls trois
  générateurs sur six soient actuellement en service,l'amélioration de notre production a été très sensible.

  La modernisation d'installations et la mise en service
d'équipements nouveaux ont été possibles grâce à l'autofinancement pour 1282 millions de F,soit 42% des recettes,et par une
aide de l'Etat pour 870 millions de F.

- PERSONNEL :

  La mise en service des nouvelles installations a obligé
l'Office à faire appel à 322 éléments supplémentaires portant
ainsi les effectifs à 2827 unités.

- PREVISIONS POUR 1977 :

  La mise en service de trois nouveaux générateurs que la
France doit nous livrer en février 1977 doit permettre d'accroître notre production de 1,8%. Le retard apporté à celle du "Petit
Barrage Est",par suite de l'insuffisance en matériel moderne de
construction,ne permettra pas de compter,dans cette zone,sur une
progression de production de plus de 0,7% par rapport à cette
année. Dans l'ensemble,l'année 1977 marquera un fléchissement de
notre taux de croissance.

  Les projets gouvernementaux de modernisation et de ren-
forcement du réseau ferré permettent de prévoir une expansion de
plus de 13% de la consommation d'énergie électrique d'ici à 1980.
Pour faire face à cette demande accrue,l'Office doit réaliser un
programme de construction de barrages,procéder à l'achat de matériel nouveau et prévoir l'implantation d'une centrale atomique.
Devant l'importance des investissements nécessaires à la réalisation de ce programme,le Conseil d'Administration de l'Office
a décidé de recourir à un emprunt public dans le courant de l'année 1977.

MAIRE DE
LONGECOURT

Cabinet du
Maire
––––

LONGECOURT, le 22 Octobre 1977

Le Maire de LONGECOURT

à Monsieur le Préfet
du Département de l'Aube

Monsieur le Préfet,

Les déclarations officielles comme les articles de presse
sur l'ouverture, en 1975, de l'autoroute Brest-Strasbourg font état
de l'heureuse incidence de cette réalisation sur le rythme de
croissance des relations commerciales de la Bretagne avec l'Est
de la France et l'Allemagne. Il était souhaitable et même urgent
de permettre à cette région française de se dévolopper et de tirer profit d'une situation géographique exceptionnelle sur la
côte Ouest.

Malheureusement, la mise en oeuvre du plan de redresse-
ment de l'économie bretonne s'est faite au détriment de celle de
certaines autres régions et, en particulier, de notre petite ville.

Longecourt est placée sur la R N 60 qui, avant la création
de l'autoroute, était un des axes routiers pratiques Ouest-Est.
Notre population, de 2500 habitants, s'était bien adaptée à cette
situation et l'hôtellerie et la vente de nos produits artisanaux
représentaient une part importante de nos ressources locales.
Toute l'année ces deux types de commerce étaient d'un rapport
certain, Longecourt servant d'étape aux transporteurs routiers et,
dans une certaine mesure, aux automobilistes de passage. Ils at-
teignaient leur plein rapport au cours du trimestre d'été, grâce
à l'afflux des touristes voyageant dans les deux sens.

Depuis l'ouverture de l'autoroute, le trafic a presque
complètement cessé sur la R N 60. Par voie de conséquence, chez
nous, le produit de l'hôtellerie et de l'artisanat a suivi une
courbe descendante. Ce trimestre d'été a pris des allures de
catastrophe. Tous nos hôtels et restaurants sont restés vides et
la mévente de nos produits artisanaux a été totale. Déjà, un
hôtel et plusieurs magasins ont été contraints à fermer leurs
portes ; d'autres sont prêts à les suivre.

La gravité des faits m'oblige,Monsieur le Préfet, à attirer votre attention sur cette dégradation et à faire appel à
voüs pour essayer de redresser cette situation.

Veuillez agréer,Monsieur le Préfet,l'expression de mon
profond respect.

APERÇU GRAMMATICAL

LES PRONOMS PERSONNELS

Sujet	Objet direct	Objet indirect	Circonstanciel ou d'attribution (1)	Réfléchi
Je	Me (2) (m')	Me (2) (m')	Moi	Me (m') (3)
Tu	Te (2) (t')	Te (2) (t')	Toi	Te (2) (t') (3)
Il	Le (3)	Lui	Lui	Se (s') (3)
Elle	La (3)	Lui	Elle	Se (s') (3)
Nous	Nous	Nous	Nous	Nous
Vous	Vous	Vous	Vous	Vous
Ils	Les	Leur	Eux	Se (s') (3)
Elles	Les	Leur	Elles	Se (s') (3)

(1) Les pronoms circonstanciels ou d'attribution sont toujours placés après une préposition : à, de, par, etc.
ex : Je pense *aux Asindais* → Je pense *à eux*.
(2) *me* et *te* deviennent *moi* et *toi* lorsqu'ils sont placés après le verbe, à l'impératif
ex : Vous *me* parlez des statistiques → Parlez-*moi* des statistiques.
(3) *me, te, se, le, la* deviennent *m', t', s', l'* lorsque le verbe commence par une voyelle ou « h » non aspiré
ex : Je *la* vois → Je *l'*aperçois.

Voir l'ensemble des conversations et les exercices structuraux des conversations 2, 4, 5.

● **Le pronom personnel « en »** .

« en » a un sens proche de « une certaine quantité de, un certain nombre de »
ex : Les Asindais nous vendent *du vin* → Les Asindais nous *en* vendent.
Lorsqu'il s'agit d'un « certain nombre précis de », ce nombre accompagne le pronom « en » et suit le verbe
ex : Est-ce qu'ils ont des barrages? Oui, ils *en* ont *un, deux, trois*, etc.
Attention : Ne pas confondre le pronom personnel « en » et la préposition « en ».
Ensemble des conversations et exercices structuraux de la conversation 5.

● **Le pronom personnel « y ».**

« y » a un sens proche de « à cela », « à lui », « à elle », « à elles », « à eux »
Il est employé pour remplacer un nom de choses. Pour remplacer les noms de personnes voir le tableau I.
ex : La France participe *à la construction des barrages* → La France *y* participe.

Voir exercices structuraux de la conversation 9.

Attention : Ne pas confondre le pronom personnel avec « y » adverbe de lieu dont le sens est proche de « en cet endroit » ou « là ».

ex : Je vais *en Asindie* → J'y vais.

Les Asindais construisent des barrages dans le sud .Les Asindais y construisent des barrages.

Voir exercices structuraux de la conversation 8.

Ne pas oublier la locution :

Il y a qui affirme l'existence de quelque chose

ex : Il y a des barrages en Asindie.

Cette locution peut se grouper avec le pronom personnel *en* pour donner la forme.

« Il y en a » (= il y a un certain nombre ou une certaine quantité de cela)

ex : Est-ce qu'il y a des barrages en Asindie? Oui, il y en a.

● **Les pronoms relatifs « qui » et « que » et « dont » .**

Les pronoms relatifs remplacent leur antécédent dans une proposition qu'on appelle « subordonnée relative ».

En général, « qui » est sujet du verbe de la proposition relative; il est donc suivi du verbe sans autre pronom sujet.

ex : Il me parle du planificateur qui a réalisé ce plan.

Pour les Asindais, c'est la sécheresse qui crée le plus gros problème.

Parfois, « qui » et le verbe sont séparés par un pronom objet :

ex : Ne vous occupez pas des affaires qui me concernent.

Le pronom relatif « que » est complément d'objet direct du verbe de la proposition relative. Il est suivi d'un pronom ou d'un nom sujet de ce verbe :

ex : Ne me parlez pas des affaires que nous avons déjà traitées.

Le pronom relatif « dont » a un sens proche de « de qui, duquel, de laquelle, desquels, desquelles », mais il est d'un emploi plus simple puisqu'il les remplace tous :

ex : Le problème dont vous parlez semble sérieux.

Les problèmes dont vous parlez existent aussi en France.

Voir l'ensemble des conversations et les exercices structuraux de la conversation 6.

● **Le conditionnel.**

1. Voir tableau général, cas n° 4.

Le conditionnel exprime encore :

2. La politesse :

ex : Voudriez-vous m'expliquer la situation?

3. Une idée qui n'est pas absolument sûre (on croit savoir que, on pense que) : ex : Des négociations auraient lieu à Asinville, la semaine prochaine. 4. Un désir ou un souhait : ex : Je voudrais aller à Asinville.	*Comparez* avec le futur qui est sûr : Des négociations auront lieu à Asinville, la semaine prochaine. Dans ce cas la condition est sous-entendue. si mes affaires ne me retenaient pas

Voir conversation 8 et exercices structuraux de la conversation 8.

● **Le subjonctif.**

Il exprime en général une idée que l'on envisage comme possible ou impossible, une idée dont on doute un peu.

Il s'emploie :

1. Après les locutions et les verbes impersonnels suivis de « que »

ex : Il semble que l'Asindie puisse améliorer son agriculture.

Il faut que vous construisiez des barrages.

2. Après les locutions : « pour que, afin que, avant que, jusqu'à ce que, bien que, à moins que, etc. »

ex : La production n'augmentera pas jusqu'à ce qu'ils aient construit des barrages.

Le coût de l'électricité reste élevé bien que les Asindais aient six nouveaux générateurs.

Je veux vous voir pour que vous me prêtiez de l'argent.

3. Après des verbes suivis de « que » exprimant un désir, un ordre ou une crainte :

ex : Je veux que vous veniez me voir.

Ils désirent que je leur fasse un discours.

4. Après une proposition principale dont le verbe est à la forme négative ou interrogative et est suivi de que :

ex : Je ne pense pas que l'Asindie puisse prendre un nouveau départ.

Êtes-vous sûr qu'ils puissent réussir?

Comparez avec l'indicatif qui marque l'on est beaucoup plus sûr de ce que l'on pense

ex : Je ne pense pas que l'Asindie réussira à prendre un nouveau départ.

5. Dans une proposition commençant par les pronoms relatifs « qui » ou « que » et qui exprime une intention, un désir ou une possibilité :
ex : L'Asindie cherche un pays qui puisse lui acheter du vin.
    Il est intéressé par les renseignements que nous pourrions lui donner.
Comparez avec l'indicatif qui exprime un fait déjà existant :
L'Asindie s'adresse à la France qui peut lui acheter du vin.
Il est intéressé par les renseignements que nous pouvons lui donner.
Voir l'ensemble des conversations et l'exercice structural de la conversation 2.

● **La forme passive.**

C'est la forme du verbe lorsqu'il est conjugué avec l'auxiliaire « être »; il est suivi par un complément circonstanciel introduit par « par » qui peut être exprimé ou sous-entendu
ex : Actuellement la production est gênée par la sécheresse.
    L'année dernière, la production était gênée par la sécheresse.
    L'année dernière, la production a été gênée par la sécheresse.
Voir l'ensemble des conversations et les exercices structuraux de la conversation 9.

● **Passé proche et futur proche.**

1. Une action du passé proche ou très proche est exprimée par le groupe verbal « venir de » suivi du verbe de l'action à l'infinitif
ex : Ils viennent de signer un accord.

2. Une action du futur proche ou très proche est exprimée par le verbe « aller » suivi du verbe de l'action à l'infinitif
ex : Ils vont signer un accord.
Voir l'ensemble des conversations et les exercices structuraux de la conversation 1.

1. Sauf en cas de nécessité absolue, le féminin des noms communs n'a pas été précisé dans ce glossaire. Nous voulons rappeler, ci-dessous, les règles générales de formation du féminin :
La marque du féminin est généralement E final
ex : Un commerçant, Une commerçante.

2. Les noms dont le masculin se termine par *en, ien, on, ion, el*, voient leur consonne finale doublée au féminin.
ex : Un Breton, Une Bretonne, Un statisticien, Une statisticienne, etc.
Un paysan, devient Une paysanne.

3. Les noms dont le masculin se termine par *er* voient leur féminin se terminer en *ère* :
ex : Un étranger, Une étrangère.

4. Les noms dont le masculin se termine par *eur* voient généralement leur féminin se terminer en *euse*.

ex : Un danseur, Une danseuse.

Les noms dont le masculin se termine par *teur* voient généralement leur féminin se terminer en *trice* :

ex : Un directeur, Une directrice.

Un chanteur a deux féminins : Une chanteuse et Une cantatrice.

    ex : Un chameau, Une chamelle.

5. La terminaison du féminin en *esse* correspond à :

certains noms masculins se terminant en e :

    ex : Un maître, Une maîtresse;

6. Certains noms de professions sont invariables, en particulier : Un peintre, Un professeur.

Si l'on veut donner la précision du sexe, on fait précéder la profession du nom : *femme*

ex : Une femme peintre, etc.

● **Concordance de temps.**

    Vous avez remarqué que dans l'exercice 2-1 page 21, nous écrivons et faisons dire :
Je vous ai dit que l'Asindie *mène* des opérations de pacification.
En fait, la règle exige que l'on écrive :
Je vous ai dit que l'Assindie *menait* des opérations de pacification.
En effet, le temps du verbe de déclaration étant au passé, le verbe de la subordonnée doit être au passé. Mais dans la langue parlée, on néglige parfois cette règle. Dans le cas présent, l'Asindie est *encore en train de* mener des opérations de pacification, ce qui explique cet emploi au présent.

LEXIQUE

Ce glossaire ne contient que des mots qui ne figurent pas ou figurent dans un autre sens dans le : « *Dictionnaire fondamental* » de G. Gougenheim, chez Didier. Le vocabulaire employé pour expliquer les termes nouveaux est celui de ce dictionnaire.

Les explications que nous donnons de chaque mot concernent exclusivement le ou les sens qu'il prend dans le présent ouvrage. Afin d'éviter toute mauvaise interprétation d'une explication et de faciliter le travail des étudiants, nous avons ajouté, à la fin de ces explications un chiffre qui correspond au numéro de la conversation dans laquelle on trouvera le mot expliqué ou l'abréviation « let af » si ce mot se trouve dans la section « lettres d'affaires, rapports et bilans »

ex :

(4) : Voir Conversation 4;

(let af) : voir section « lettres d'affaires, rapports et bilans ».

Pour le féminin des noms et adjectifs, l'étudiant trouvera des explications dans la section « grammaire ».

ABRÉVIATIONS

adj.	adjectif
adv.	adverbe
ex.	exemple
loc.	locution
n. f.	nom féminin
n. m.	nom masculin
p. p.	participe passé
p. prés.	participe présent
plur.	pluriel
prép.	préposition
v. intr.	verbe intransitif
v. pron.	verbe pronominal
v. tr.	verbe transitif
v. tr. ind.	verbe transitif indirect.

A

Absorber, v. tr. : 1º donner une occupation, un travail — accueillir en donnant du travail à... (8) ; 2º utiliser (let af).

Accéder, v. intr. : (à) atteindre, arriver à, parvenir à (8) ; v. tr. ind. : accepter, donner ce que les gens demandent.

Accélérer, v. tr. : augmenter la vitesse de... (12).

Accord, n. m. : papier signé par plusieurs personnes qui montre qu'elles sont d'accord sur certaines questions (5).

Accroissement, n. m. : fait de devenir plus grand (5).

Accroître (s'), v. pron. : devenir plus grand (7) *Accru* : devenu plus grand.

Achat, n. m. : *Pouvoir d'achat* : ce que l'on peut acheter avec un salaire, un revenu, etc. (6).

Affecter, v. tr. : avoir un mauvais effet sur (let af).

Afflux, n. m. : arrivée en grande quantité ou en grand nombre (2).

Aléa, n. m. : événement qui n'est pas sûr, qui contient une grande part de hasard (11).

Allègement, n. m. : ce qui rend plus léger (8).

Allure, n. f. : *Prendre des allures de* : ressembler à, avoir le même résultat que... (3).

Allusion, n. f. : *Faire allusion à* : vouloir dire, vouloir parler de (4).

Ambitieux, adj. : qui veut obtenir de grands résultats (9).

Amorcer, v. tr. : commencer, faire démarrer (4).

Annexe, adj. : qui est lié à qqch de plus important, qui sert qqch de plus important (4).

Anticiper, v. tr. ind. : supposer des résultats avant l'heure, parler trop tôt des résultats de... (11).

Appareillage, n. m. : ensemble des appareils d'une certaine catégorie ou d'un certain lieu (5).

Application, n. f. : *Mettre en application* : employer, se servir de, utiliser (surtout un programme, un projet, une règle, etc.) (4).

Apporter, v. tr. : *Apporter des améliorations* : 1º améliorer diverses parties ; 2º améliorer peu à peu (let af).

Appui, n. m. : 1º fait d'appuyer, d'aider... (10) ; 2º endroit sur lequel on peut s'appuyer.

Armé, adj. : qui a des armes, avec des armes (12).

Artisanal, adj. : qui se rapporte à l'artisan (7).

Assigner, v. tr. : 1º dire que qqn doit faire qqch ; 2º donner une chose à qqn (12).

Assurer, v. tr. : (un travail) être capable de faire complètement un certain travail (11).

Atmosphérique, adj. : *Conditions atmosphériques* : le temps qu'il fait (1).

Autant, adv. : *Pour autant que* : dans la mesure où... (10).

Auto- préf. : préfixe qui signifie « par soi-même » (ex. : autofinancement) (let af).

Automobiliste, n. m. et f. : celui ou celle qui utilise une automobile (let af).

Autoroute, n. f. : route très large, sans obstacles, où les deux sens de la circulation sont bien séparés (let af).

Avantageux, adj. : qui offre des avantages (surtout financiers) (let af).

Axe, n. m. : ligne qui sépare, au milieu, un corps ou une surface dans sa longueur ou sa largeur. *Axe routier* : route qui va d'un côté à l'autre d'un pays (let af).

B

Baccalauréat, n. m. : en France, examen de fin d'études secondaires (let af).

Balance, n. f. : *Balance commerciale* : équilibre des ventes et des achats dans un budget (7).

Base, n. f. : *Instruction de base* : instruction fondamentale (8).

Biais, n. m. : *Par le biais de* : au moyen de, grâce à (9).

Bilan, n. m. : 1º ensemble des résultats, bénéfices et pertes, d'une entreprise au bout d'une certaine période ; 2º ensemble des résultats bons ou mauvais. *Le bilan est lourd* : les résultats sont très mauvais (12).

Bloc, n. m. : ensemble de forces, de puissances (12).

Branche, n. f. : partie d'un ensemble (2).

Bretagne, n. f. : région de l'Ouest de la France (let af).

Breton, adj. : qui concerne ou appartient à la Bretagne (let af).

Brut, adj. : 1º à l'état naturel que l'homme n'a pas transformé (11) ; 2º de l'ensemble sans donner le détail de chaque partie (let af).

C

Campagne, n. f. : *Lancer une campagne* : entreprendre une action économique ou politique pour attirer les gens (9).

Capacité, n. f. : 1º quantité que peut contenir un récipient ; 2º espace libre qu'offre un endroit (11).

Capituler, v. intr. : accepter toutes les conditions de l'adversaire après avoir résisté (8).

Catalogue, n. m. : liste d'articles vendus par une maison de commerce, une firme, etc. (let af).

Cercle, n. m. : *Cercle vicieux* : suite de faits qui font toujours revenir à la même situation désavantageuse (1).

Chaîne, n. f. : *Chaîne de montage* : façon et moyen de fabriquer des objets, non pas un à un, mais ensemble, en série (5). *Chaîne hôtelière* : série d'hôtels appartenant à la même firme ou à des firmes unies (let af).

Char, n. m. : *Char d'assaut* : véhicule en acier qui porte des canons et des armes et qui peut passer presque partout pour aller attaquer l'ennemi pendant une guerre (4).

Chercheur, n. m. : celui qui cherche des inventions nouvelles (4).

Chiffre, n. m. : *Chiffre d'affaires* : argent rapporté par l'ensemble des affaires, des ventes, etc. (let af).

Cohérent, adj. : conçu avec logique, organisé avec intelligence (11).

Commande, n. f. : ce que l'on demande ou commande chez un commerçant (7).

Compétitif, adj. : *Prix compétitifs* : prix qui permettent de faire face à la concurrence (6).

Compétition, n. f. : fait d'essayer d'être meilleur que les autres dans une vente, un examen, etc. (6).

Complexe, n. m. : ensemble de sociétés ou de firmes qui ont le même type d'activité (11).

Complexité, n. f. : fait qu'un ensemble est difficile à comprendre parce qu'il est composé d'un grand nombre d'éléments (11).

Comptabilité, n. f. : ensemble des comptes d'une firme, d'une maison de commerce, etc. (let af).

Concession, n. f. : fait de donner un certain nombre de choses que des gens demandent sans leur donner tout ce qu'ils veulent (8).

Concurrence, n. f. : fait d'essayer de vendre des produits mieux que des adversaires (6).

Conditionnement, n. m. : manière et moyen de présenter un objet dans son emballage pour le transporter ou le vendre (4).

Consacrer, v. tr. : *Consacrer qqch à qqn* : employer qqch pour qqn (7).

Consommateur, n. m. : celui qui consomme, qui emploie qqch pour vivre (let af).

Consentir, v. tr. ind. : (à) dire oui à qqn, accepter. *Consentir un rabais* : voir *Rabais* (7).

Conséquence, n. f. : voir *Voie* (let af).

Considérablement, adv. : d'une manière très importante (11).

Contraindre, v. tr. : obliger, forcer qqn à faire qqch (8).

Contre, prép. : comparé à (let af).

Contribuer, v. tr. ind. : (à) aider à obtenir un résultat, être un des éléments qui donne un certain résultat (9).

Courbe, n. f. : *Courbe ascendante, descendante* : ligne courbe souvent employée dans le dessin des statistiques (7).

Cours, n. m. : *être en cours* : être en train de se faire, avoir lieu (let af).

Coût, n. m. : prix des choses que l'on achète (8).

Crédit, n. m. : fait de prêter de l'argent à quelqu'un qui le rendra plus tard en payant des intérêts (9).

Crise, n. f. : *Crise de confiance* : le fait de ne plus croire soudainement en qqch ou en qqn (3).

Croissance, n. f. : fait de grandir, de se développer (let af).

Croître, v. intr. : (pp : crû-p pres : croissant) grandir, se développer (let af).

Culturel, adj. : qui concerne l'étude et les arts (2).

D

Débiteur, n. m. : celui qui doit de l'argent à qqn (9).

Débouché, n. m. : 1o endroit où l'on peut vendre un produit (2) ; 2o profession que qqn peut choisir profession possible (let af).

Défaillance, n. f. : fait de perdre tout à coup de la force, de la puissance (let af).

Défavoriser, v. tr. : être moins bon pour certaines personnes que pour d'autres (9).

Déficit, n. m. : fait de dépenser plus que l'on ne gagne (10).

Déficitaire, adj. : qui a du déficit, qui fait du déficit (10).

Dégradation, n. f. : 1o état de plus en plus mauvais d'une chose ; 2o fait d'aller de plus en plus mal (6).

Démographique, adj. : qui concerne le nombre des naissances dans une région, un pays, etc. (8).

Dénoncer, v. tr. : parler publiquement d'une chose en signe de protestation (8).

Denrée, n. f. : produit alimentaire que l'on vend ou achète (5).

Dessiner (se), v. pr. : commencer à apparaître, à prendre forme (5).

Destiné, à loc. : qui sert à, qui est fait pour (7).

Détériorer (se), v. pr. : 1o être dans un état de plus en plus mauvais (6) ; 1o aller de plus en plus mal (6).

Détriment, n. m. : *Au détriment de* : en faisant tort à (3).

Développement, n. m. : action de rendre plus grand (3).

Devise, n. f. : monnaie étrangère (2).

Discret, adj. : qui n'attire pas trop l'attention (10).

Disparité, n. f. : différence, manque d'équilibre entre deux choses (8).

Disposition, n. f. : *Être, rester à la disposition de* : être (toujours) (let af).

Distraire, v. tr. : *Distraire des sommes d'un budget* : ôter de l'argent d'un budget pour le placer ailleurs (9).

Domaine, n. m. : partie d'un ensemble (5).

Doubler (se), v. pr. : (de) être accompagné de (1).

Dû, à loc. : a pour cause, provient de (let af).

E

Échelon, n. m. : *à l'échelon* : au niveau, à un certain degré (11).

Effet, n. m. : résultat obtenu (4).

Effondrement, n. m. : 1º action de ce qui cède brusquement sous le poids de qqch ; 2º baisse totale et soudaine des prix et des valeurs (7).

Électrifier, v. tr. : 1º faire fonctionner à l'électricité ; 2º installer un réseau électrique (let af).

Emballage, n. m. : ce que l'on utilise pour entourer un objet (caisse, carton, papier, etc.) pour pouvoir le transporter (4).

Encadrement, n. m. : *encadrement du crédit* : ensemble de la règlementation et du contrôle du crédit par l'État (10).

Engin, n. m. : machine, auto, camion, instrument, etc., destiné à un certain travail (let af).

Entreprise, n. f. : société, maison de commerce (11).

Envergure, n. f. : importance, puissance ou taille (11).

Envisager, v. tr. : penser à (5).

Envoi, n. m. : ce que l'on envoie (let af).

Épargne, n. f. : fait de ne pas dépenser (10).

Équivaloir, v. tr. ind. : (à) avoir la même importance, la même valeur que (2).

Étape, n. f. : 1º partie d'un chemin que l'on parcourt au bout de laquelle on se repose ; 2º partie d'un développement qui représente un progrès complet (7).

État, n. m. : *Faire état de* : parler de (let af).

Évaluer. v. tr. : estimer plus ou moins exactement la valeur de qqch (3).

Éventail, n. m. : ensemble de choses du même type, de la même catégorie (let af).

Éventuel, adj. : qui peut arriver.

Excédentaire, adj. : trop important, plus qu'on ne peut utiliser (7).

Exonération, n. f. : fait d'autoriser qqn à ne pas payer ou à payer moins de taxes, d'impôts, de frais, etc. (11).

Expansion, n. f. : fait de progresser, de se développer (2).

Expectative, n. f. : fait d'attendre, de ne pas agir trop vite (10).

Expression, n. f. : *Pays d'expression française, anglaise, etc.* : pays où l'on parle français, anglais, etc. (6).

F

Faciliter, v. tr. : rendre facile (10).

Facteur, n. m. : 1º fait qui permet d'atteindre un résultat (2) ; 2º partie d'un ensemble.

Figé, adj. : immobile, sans mouvement (10).

Fin, n. f. : *Prendre fin* : se terminer, arriver au bout (4).

Firme, n. f. : maison de commerce ou société industrielle (4).

Fiscalité, n. f. : ensemble des taxes et des impôts (9).

Fléchissement, n. m. : perte de force (3).

Fournisseur, n. m. : celui qui fournit (5).

Franchir, v. tr. : 1º passer au-dessus ou de l'autre côté de ; 2º aller au-delà d'une limite (7).

Frêt, n. m. : poids de marchandises transportées (10).

Fur, loc. : *Au fur et à mesure* : en même temps et parallèlement (3).

Fusion, n. f. : fait de fusionner (11).

Fusionner, v. intr. : pour des sociétés, travailler ensemble, s'unir, s'allier (11).

G

Garantie, n. f. : état de ce qui est sûr (8).

Générateur, n. m : machine qui produit de l'énergie électrique (let af).

Gestion, n. f. : action d'administrer un pays, une firme, une société, etc. (1).

Gravité, n. f. : ce qui est grave, sérieux.

H

Harmonisation, n. f. : fait de donner un certain équilibre et une direction commune à plusieurs choses groupées (12).

Horaire, n. m. : *Horaire de travail* : nombre d'heures de travail (8).

Hostile, adj. : qui est contre, qui est ennemi de... (10).

Hôtellerie, n. f. : industrie (touristique) qui concerne les hôtels (let af).

Hydraulique, adj. : qui agit ou fonctionne grâce à un liquide (let af).

I

Identique, adj. : de même valeur, de même forme, de même nature (7).

Impasse, n. f. : chemin fermé à un bout, voie bouchée par un obstacle (10).

Implantation, n. f. : fait d'installer des bureaux, firmes, usines, etc., qqpart (let af).

Imposition, n. f. : 1º fait de faire payer des impôts; 2º ensemble des impôts (9).

Inapplicable, adj. : qu'on ne peut pas mettre en pratique ou employer (8).

Incidence, n. f. : action de qqch sur la vie de qqn ou le développement de qqch d'autre (12).

Indépendant, adj. : *Indépendant de la volonté de qqn* : contre lequel il ne peut rien faire, dont il n'est pas responsable (let af).

Indexé, adj. : qui augmente parallèlement au coût de la vie ou de certaines valeurs (10).

Industrialisation, n. f. : fait de rendre une région ou un pays industriels (7).

Ingénieux, adj. : qui est bien calculé, qui est pensé avec intelligence (9).

Intendant, n. m. : celui qui, dans certaines administrations et à l'armée, s'occupe de leur économie (let af).

Intéressement, n. m. : part de bénéfices ou d'intérêts que l'on reçoit sur une affaire (10).

Investir, v. tr. et intr. : placer de l'argent pour améliorer une affaire industrielle, commerciale, agricole, etc., ou pour en tirer profit (2).

Investissement, n. m. : l'argent que l'on investit (2).

Investisseur, n. m. : celui qui investit, (2).

Irréalisable, adj. : qui ne peut pas être réalisé ou accompli (9).

Irrigation, n. f. : action d'arroser les terres en construisant des barrages, des canaux, etc. (1).

L

Lancer, v. tr. : donner vie à, mettre en marche (4).

Ligne, n. f. : *Faire entrer en ligne de compte* : tenir compte de, considérer qu'une chose a une certaine importance (6).

M

Machine-outil, n. f. : outil automatique (5).

Maintenir (se), v. pr. : rester dans un certain état (10).

Manganèse, n. m. : métal qui sert dans certains aciers (souvent employé pour : *oxyde de manganèse*) (7).

Marché, n. m. : Ensemble de pays européens qui se sont groupés économiquement (12).

Masse, n. f. : ensemble dans une population (souvent : ensemble des travailleurs) (7).

Massif, adj. : en grande quantité, très lourd, très puissant, très solide (12).

Mécanisme, n. m. : ensemble des parties qui permettent à une machine ou à une organisation de fonctionner (12).

Mécontentement, n. m. : fait de ne pas être content (9).

Médiocrité, n. f. : état de ce qui est insuffisant (1).

Mentionner, v. tr. : faire connaître, montrer une chose au cours d'une conversation, d'un article, etc. (6).

Mesure, n. f. : 1º ce que l'on décide pour obtenir certains résultats (ex. : prendre des mesures pour...) (2); 2º *Dans une certaine mesure* : jusqu'à un certain point (3); 3º *Au fur et à mesure* : voir *Fur* (3); 4º *Mettre en mesure* : (de) donner la possibilité de, rendre capable de (let af).

Mettre, v. tr. : *Mettre sur pieds* : préparer qqch avec précision (voir aussi : *mesure*) (3).

Mévente, n. f. : fait de vendre mal ou de ne pas vendre du tout (6).

Minimum, n. m. : *Offrir un minimum de garanties* : offrir au moins quelques garanties (9).

Miracle, n. m. : *Remède miracle* : possibilité de faire aller mieux qqch ou qqn d'une manière extraordinairement facile (3).

Miser, v. tr. et intr. : (sur) placer de l'argent dans une affaire sans être sûr qu'il rapportera (9).

Modéré, adj. : qui n'est pas trop élevé, pas trop exigeant (9).

Modernisation, n. f. : fait de rendre moderne (9).

Modification, n. f. : ce qui modifie (let af).

Morcelé, adj. : en petits morceaux (8).

Morcellement, n. m. : fait d'être morcelé (9).

Mutuel, adj. : qui est fait d'échanges entre plusieurs personnes ou groupes de personnes (12).

N

Nationalisé, adj. : à la charge de l'État (10).

O

Objectif, n. m. : résultat que l'on veut obtenir (3).

Office, n. m. : 1° ensemble administratif (let af); 2° *Faire office de* : servir de (9).

Ombre, n. f. : *Laisser dans l'ombre* : ne pas parler tout de suite de qqch et garder ce sujet pour plus tard (6).

Ordre, n. m. : *De premier ordre* : de première qualité (7).

Organisme, n. m. : administration publique ou privée, maison de commerce, banque, société, etc. (9).

Orientation, n. f. : direction que l'on donne à une action (12).

Ouverture, n. f. : 1° fait d'ouvrir; 2° ce qui s'ouvre devant soi (10); 3° possibilité de faire qqch (let af).

Outre, prep. : *En outre* : de plus (11).

P

Pacification, n. f. : action de faire revenir la paix, le calme dans une région où il y a des troubles (2).

Paradoxal, adj. : qui est contre la raison, contre ce qui semble être vrai (4).

Parallèle, adj. : 1° *Lignes parallèles* : lignes qui sont toujours à égale distance l'une de l'autre; 2° se dit de choses qui ont lieu en même temps ou dans le même but (2).

Parallèlement, adv. : en même temps, dans le même but (2).

Paralyser, v. tr. : empêcher toute action, tout mouvement (9).

Parer, v. tr. ind. : (à) faire qqch pour se défendre contre, faire qqch pour éviter des difficultés (11).

Participation, n. f. : fait de prendre part à qqch (10).

Patrimoine, n. m. : ensemble des biens d'une famille, d'une nation, etc. (3).

Persan, adj. : de Perse (appelée aujourd'hui : *Iran*) (7).

Persistant, adj. : qui continue longtemps (1).

Persister, v. tr. : ne pas vouloir abandonner une chose que l'on est en train de faire, continuer à faire une chose en y mettant toute sa volonté (souvent : persister dans l'erreur) (12).

Perspective, n. f. : espérance de nouvelles possibilités, de nouvelles ouvertures (10).

Pessimiste, adj. : qui pense que les choses vont mal (6).

Phase, n. f. : une des parties d'une évolution ou d'un développement (12).

Philantropique, adj. : qui donne de l'argent pour faire le Bien (9).

Pièce, n. f. : *Pièce de rechange* : partie neuve d'un mécanisme qui sert à remplacer la même partie vieille ou abîmée (let af).

Piètre, adj. : 1° qui ne sait pas grand-chose (9); 2° mauvais, de peu de valeur.

Placement, n. m. : 1° argent qui est placé; 2° action de placer de l'argent (3).

Plaider, v. tr. : parler en faveur de qqn (12).

Planificateur, n. m. : celui qui bâtit des plans, des projets de développement économique (10).

Planification, n. f. : organiser le développement de qqch selon un plan (11).

Plate-forme, n. f. : 1° ensemble des éléments d'un programme politique; 2° ensemble de revendications (8).

Politique, n. f. : *La politique de* : manière d'administrer une affaire (2).

Précaire, adj. : qui est peu sûr.

Préconiser, v. tr. : donner à qqn le conseil de faire certaines choses (3).

Prélèvement, n. m. : une partie que l'on retire d'un ensemble (3).

Préserver, v. tr. : défendre qqch ou qqn contre des dangers, des difficultés (12).

Prêt, n. m. : fait de prêter qqch (surtout de l'argent) (9).

Prime, n. f. : somme donnée par l'État, un employeur, etc., pour encourager qqn à produire ou l'intéresser au rendement (11).

Prioritaire, adj. : à qui ou à quoi on donne le plus d'importance (8).

Privilégié, adj. : qui a plus d'avantages que les autres (8).

Procéder, v. tr. ind. : (à) décider de faire qqch, faire qqch (3).

Produit, n. m. : total de l'argent rapporté par une vente, les impôts, etc. (9).

Programme, n. m. : ce que l'on a décidé de faire, de réaliser (1).

Progresser, v. intr. : faire des progrès.

Proprement, adv. : *à proprement parler* : exactement, vraiment (7).

Proportionnellement, adv. : manière, pour une quantité, d'augmenter ou de diminuer par rapport à une autre (10).

Prospérité, n. f. : fait d'être riche, d'avoir des succès (12).

Q

Qualification, n. f. : fait d'être qualifié (let af).

Qualité, adj. : qui a bien appris son métier (4).

R

Rabais, n. m. : fait de rendre un prix plus petit; *Consentir un rabais* : faire payer moins cher (7).

Raffinage, n. m. : fait de transformer certains produits comme le pétrole et le sucre pour les rendre plus purs (11).

Raffinerie, n. f. : endroit où l'on fait le raffinage (11).

Rapport, n. m. : 1º ce que produit une terre; 2º le bénéfice tiré d'une vente (7); 3º *entrer en rapport avec* : établir des relations avec (let af).

Recette, n. f. : argent gagné dans un commerce, une affaire, etc. (10).

Rechange, n. f. : voir : *Pièce* (let af).

Reconnaître, v. tr. : permettre officiellement l'existence de qqch (8).

Reconvertir, v. tr. : 1º transformer ce qui est en qqch d'autre (4); 2º donner à qqn un autre métier.

Reconversion, n. f. : fait de reconvertir (4).

Redistribution, n. f. : acte de distribuer les terres d'une manière différente (1).

Redresser, v. tr. : *Redresser la situation* : remettre l'évolution des événements sur la bonne voie (let af).

Réexportation, n. f. : *Réexportation de capitaux* : fait de réexporter de l'argent réexportable (voir ce mot).

Réexportable, adj. : *argent réexportable* : parties du bénéfice ou du capital qui peuvent être exportées d'un pays étranger dans lequel on a importé de l'argent pour l'investir (let af).

Réglementation, n. f. : ensemble des règlements (10).

Régression, n. f. : fait de revenir en arrière après avoir fait un progrès, perdre peu à peu le bénéfice d'un progrès (6).

Relance, n. f. : fait de mettre qqch en marche de nouveau, de donner une nouvelle force à qqch (3).

Relativement, adv. : par rapport à ce qui pourrait être (5).

Remboursable, adj. : (argent) qui doit être rendu un jour (9).

Remède, n. m. : ce qui permet d'améliorer le mauvais état de qqn ou qqch (porter remède à). Voir aussi : *Miracle* (3).

Remembrement, n. m. : fait de regrouper les terres (1).

Remous, n. m. plur. : discussions, déclarations, troubles qui montrent que certains groupes de personnes ne sont pas d'accord avec la politique du gouvernement, l'administration du patron, etc. (8).

Rénovation, n. f. : fait de donner une nouvelle jeunesse à qqch, moderniser (9).

Renforcer, v. tr. : rendre plus fort (10).

Rentabilité, n. f. : fait de produire un bénéfice satisfaisant (12).

Réputé, adj. : très connu et apprécié (7).

Resserrement, n. m. : action de diminuer les limites de qqch ou état de cette diminution des limites (10).

Réservoir, n. m. : grande réserve d'eau, naturelle ou créée par l'homme (1).

Ressentir, v. tr. : être touché par les effets de qqch (7).

Restreint, adj. : 1º qui a des limites très étroites; 2º qui offre des possiblités limitées (10).

Résulter, v. intr. : (de) être le résultat de (4).

Rétablir , v. tr. : revenir à ce qui existait avant (4).

Réticence, n. f. : action d'hésiter volontairement à dire ou à faire qqch (5).

Réussite, n. f. : fait de réussir (12).

Rigoureux, adj. : dont on ne peut pas s'écarter, strict (2).

Routier, adj. : qui concerne la route (11).

Rythme, n. m. : vitesse continue d'une action, d'une évolution, d'une production, etc. (12).

S

Sacrifier, v. tr. : décider d'abandonner qqch ou qqn parce qu'on préfère autre chose ou qqn d'autre (3).

Sain, adj. : qui est en bon état, sans défaut (4).

Saisonnier, adj. : qui n'a lieu qu'à certaines saisons, qui est lié à certaines saisons (8).

Sécession, n. f. : *Faire sécession* : pour un groupe, se séparer de l'ensemble auquel il appartient (1).

Sécheresse, n. f. : absence de pluie (1).

Secondaire, adj. : *Industrie secondaire* : industrie qui sert une autre industrie plus importante ou qui naît d'une industrie plus importante (4).

Sein, n. m. : *Au sein de* : au milieu de, à l'intérieur de, dans (12).

Service, n. m. *En service* : au travail, en état de travailler ou de produire (let af).

Sévérité, n. f. : fait d'être sévère, dur (let af).

Simplifier, v. tr. : rendre plus simple (11).

Situation, n. f. : état du commerce, des finances, de la politique, etc. (1).

Social, adj. : 1º qui concerne les relations entre les classes (8); 2º *les Affaires Sociales* : administration qui améliore le niveau de vie des habitants d'un pays, la vie des vieillards, les moyens de soigner la population, etc. (2).

Soi, loc. : *Il va de soi que* : il est évident que, il est très clair que (5).

Solliciter : 1º demander en insistant; 2º demander avec politesse (let af); 3º essayer d'attirer (10).

Sommeil, n. m. : *Mettre en sommeil* : laisser un projet en attente (1).

Songer, v. tr. ind. : penser à qqch (4).

Sortir (se), v. pron. : *Se sortir d'affaire* : réussir à échapper à une situation inconfortable (2).

Soucieux, adj. : (de) qui veille à, qui fait attention à (let af).

Soutien, n. m. : fait d'aider à exister (12).

Sourd, adj. : *Faire la sourde oreille* : faire comme si on n'entendait pas, refuser d'écouter (10).

S.M.I.G. : Salaire Minimum Interprofessionnel Garanti : garantie que le salaire d'un travailleur français ne sera pas au-dessous d'un certain niveau. (Souvent aussi S.M.I.C. qui marque la progression du salaire de base, C. signifie « de Croissance ») (8).

Spécialisé, adj. : qui s'est spécialisé (Presse spécialisée, ouvrier spécialisé, etc.) (12).

Spécialiser (se), v. pron. : avoir une occupation, une production, des sujets, etc. particuliers (let af).

Squelettique, adj. : 1º très maigre; 2º très peu développé (10).

Stable, adj. : qui reste toujours au même niveau, à la même valeur, qui ne varie pas (2).

Stabilité, n. f. : état de ce qui est stable (8).

Stagnant, adj. : qui ne fait aucun progrès (2).

Stagnation, n. f. : fait d'être stagnant (4).

Stagner, v. tr. : rester immobile, ne faire aucun progrès (6).

Statistique, n. f. : ensemble des chiffres qui concernent une situation économique, démographique, commerciale, etc. (1).

Strict, adj. : se dit de ce qui respecte absolument ce que l'on a décidé, qui ne s'écarte pas des dispositions qui sont prises (2).

Subir, v. tr. : *Subir un échec* : ne pas réussir (1).

Suggestion, n. f. : *Faire des suggestions* : donner des idées (let af).

Suivre, v. tr. : comprendre la pensée de qqn (4).

Surimpot, n. m. : impôt supplémentaire (9).

Susciter, v. tr. : faire naître (2).

T

Taux, n. m. : quantité ou pourcentage qui varie (3).

Taxation, n. f. : 1º fait de faire payer des taxes; 2º ensemble des taxes (9).

Tendance, n. f. : direction vers laquelle vont certaines idées ou activités (4).

Tentative, n. f. : action d'essayer d'arriver à un résultat (4).

Tenue, n. f. : *Tenue des cours* : manière dont les cours et prix changent ou non chaque jour.

Terme, n. m. : *à terme* : à une certaine date fixée d'avance (10); *aux termes de* : selon ce qui est dit (let af).

Thermique, adj. : 1º qui concerne la chaleur; 2º qui fonctionne ou agit grâce à la chaleur (let af).

Titre, n. m. : ce qui, sur la première page d'un livre, au-dessus d'un article de presse, indique de quoi ils parlent ou leur donne un nom (12).

Total, adj. : complet, absolu (let af).

Touristique, adj. : qui concerne le tourisme (2).

Tracer, v. tr. : *Tracer la voie* : montrer le chemin, donner l'exemple (3).

Tractations, n. f. plur. : discussions plus ou moins secrètes, non officielles (10).

Transformation, n. f. : action de transformer (5).

U

Urgence, n. f. : caractère de ce qui est urgent (9).

Urgent, adj. : qui doit être fait vite (1).

Utilitaire, adj. : qui sert seulement au travail (voir : *véhicule*) (5).

V

Véhicule, n. m. : *véhicule utilitaire* : voiture qui sert généralement au transport des marchandises (9).

Viable, adj. : qui peut vivre, qui est capable d'exister et de durer (11).

Vicieux, adj. : voir : *cercle* (1).

Vinicole, adj. : qui se rapporte aux vins (7).

Vital, adj. : nécessaire à la vie (7).

Voie, n. f. : *En voie de* : sur le chemin de (2); *Par voie de conséquence* : comme conséquence (let af).

Volonté, n. f. : voir : *indépendant* (let af).

Volume, n. m. : importance en espace, en poids, en nombre d'unités, etc. (10).

 IMPRIMERIE AUBIN, 86240 LIGUGÉ
D.L. 4ᵉ trim. 1980 — Impr., nº L 12691
Imprimé en France